Paleo 2023
En kokbok för en hälsosam livsstil

Anneli Jansson

Innehållsförteckning

Asiatisk nötkött och grönsaksröra 10
Cedar Plank biffar med asiatiskt pålägg och coleslaw 12
Panstekt tritipbiffar med blomkålspeperonata 16
Grillade biffar au Poivre med svampsås och Dijon 18
biffar 18
Dopp 18
Grillade biffar med salsasallad och chipotle karamelliserad lök 21
biffar 21
dressing sallad 21
karamelliserad lök 22
Grillad ribeye med gräslök och vitlöks "smör" 24
Ribeye sallad med grillade rödbetor 26
Revben i koreansk stil med stekt ingefärakål 28
Beef short ribs med citrus och fänkål Gremolata 31
Revben 31
Bakad pumpa 31
Gremolata 31
Köttpajer i svensk stil med senap-dill-gurksallad 34
Gurksallad 34
Kött empanadas 34
Grillade biffburgare med ruccola och rostade rotfrukter 38
Grillade biffburgare med sesambelagda tomater 41
Hamburgare på pinne med Baba Ghanoush dippsås 43
Rökt fylld paprika 45
Bisonburgare med cabernetlök och ruccola 48
Bison- och lammfärs med mangold och sötpotatis 51
Bison köttbullar med äpple och vinbär med zucchini Pappardelle 54
köttbullar 54
Äppel- och vinbärssås 54
Zucchini för papparde 55
Bison Porcini Bolognese med Rostad Vitlöks Spaghetti Squash 57

bison chili con carne 60
Marockanska kryddade bisonbiffar med grillade citroner 62
Bisonstek gnidad med Herbes de Provence 64
Kaffebräserad bisonrevben med mandaringremolata och rotselleripuré 66
Marinad 66
koka upp 66
nötbensbuljong 69
Tunisisk kryddad fläskaxel med kryddig potatis 71
Fläsk 71
Potatis chips 71
Kubansk grillad fläskaxel 74
Kryddad italiensk fläskstek med grönsaker 77
Slow Cooker Pork Mole 79
Fläsk- och pumpagryta med spiskummin 81
Topp ryggbiff fylld med frukt med konjaksås 83
Steka 83
konjaksås 83
Stekt fläsk i Porchetta-stil 86
Stuvad fläskfilé med tomatillo 88
Fläskfilé fylld med aprikos 90
Örtbelagd fläskfilé med krispig vitlöksolja 92
Indisk kryddat fläsk med kokossås 93
Fläsk scaloppini med äpplen och kryddade kastanjer 94
Wokad fläskfajitas 97
Fläskfilé med portvin och plommon 99
Moo Shu-stil fläskkoppar ovanpå sallad och snabbmarinerade grönsaker 101
inlagda grönsaker 101
Fläsk 101
Fläskkotletter med macadamianötter, salvia, fikon och sötpotatispuré 103
Rosmarin-lavendel rostade fläskkotletter med vindruvor och rostade valnötter . 105
Fläskkotletter under Fiorentina med rostad broccoli rabe 107
Fläskkotletter fyllda med escarole 109
Rökt revbensspjäll med äppel-senap-moppsås 113
Revben 113
Dopp 113

Ugnsbakad BBQ fläsk revbensspjäll med färsk ananas sallad 116
kryddig fläskgryta 118
Gulasch 118
Kål   118
Italiensk korvköttbulle Marinara med skivad fänkål och rostad lök 120
köttbullar 120
Marinara 120
Zucchinibåtar fyllda med fläsk med basilika och pinjenötter 123
Ananas curry fläsk nudelskålar med kokosmjölk och örter 125
Kryddig grillad fläsk Empanadas med kryddig gurksallad 127
Zucchinipizza med soltorkad tomatpesto, paprika och italiensk korv 129
Lammlår rökt med citron och koriander med grillad sparris 132
Lamm Hot Pot 134
Lammgryta med rotselleri 136
Lammkotletter med kryddig granatäpple och dadelsås 138
Chutney 138
Lammkotletter 138
Chimichurri lammkotletter med rostad Radicchio-kål 140
Lammkotletter breds med anka och salvia med morots-sötpotatisremoulad 142
Lammburgare fyllda med röd paprika från trädgården 144
röd paprika coulis 144
Hamburgare 144
Lammspett med dubbel oregano och tzatzikisås 147
lammspett 147
tzatzikisås 147
Grillad kyckling med saffran och citron 149
Spatchcocked kyckling med jicamasallad 151
Kyckling 151
Kålsallad 151
Grillad kycklingrygg med vodka, morot och tomatsås 154
Poulet Rôti och Rutabaga Frites 156
Tre champinjoner Coq au Vin med gräslök 158
Peach Brandy glaserade trumpinnar 161
Persika och Brandy Glaze 161
Kyckling marinerad i Chile med mango och melonsallad 163

Kyckling 163
Sallad 163
Kycklinglår i tandoori-stil med gurkremsor 166
Kyckling 166
Gurka rand 166
Kycklingcurrygryta med rotfrukter, sparris och grönt äpple med mynta 168
Grillad kycklingpaillardsallad med hallon, rödbetor och rostad mandel 170
Broccolifyllda kycklingbröst med färsk tomatsås och Caesarsallad 173
Grillad kyckling Shawarma wraps med kryddade grönsaker och pinjenötssås 176
Stekt kycklingbröst med svamp, blomkålsmald med vitlök och rostad sparris 178
Thailändsk kycklingsoppa 180
Grillad kyckling med citron och salvia med escarole 182
Kyckling med vårlök, vattenkrasse och rädisor 185
Kyckling Tikka Masala 187
Ras el Hanout kycklinglår 190
Carambola-marinerade kycklinglår ovanpå stuvad spenat 193
Kyckling och Poblano Kål Tacos med Chipotle majonnäs 195
Kycklinggryta med morötter och Bok Choy 197
Blanda kyckling med cashewnötter och apelsin och paprika i salladswraps 199
Vietnamesisk kyckling med kokos och citrongräs 201
Grillad kyckling och äpple och endivsallad 204
Toskansk kycklingsoppa med strimlor av grönkål 206
Kyckling Larb 208
Kycklingburgare med Szechwan cashewsås 210
Szechwan cashewsås 210

ASIATISK NÖTKÖTT OCH GRÖNSAKSRÖRA

LÄXA:30 minuters tillagningstid: 15 minuter Utbyte: 4 portioner

FIVE SPICE POWDER ÄR EN SALTFRI KRYDDBLANDNING.ANVÄNDS OFTA I DET KINESISKA KÖKET. DEN BESTÅR AV LIKA DELAR MALD KANEL, KRYDDNEJLIKA, FÄNKÅLSFRÖN, STJÄRNANIS OCH SZECHWAN-PEPPAR.

- 1½ pund benfri oxfilé eller benfri rund biff, skuren 1 tum tjock
- 1½ teskedar fem kryddpulver
- 3 matskedar raffinerad kokosolja
- 1 liten rödlök, tunt skivad
- 1 litet knippe sparris (ca 12 uns), putsad och skuren i 3-tums bitar
- 1½ dl orange och/eller gula morötter
- 4 vitlöksklyftor, hackade
- 1 tsk finrivet apelsinskal
- ¼ kopp färsk apelsinjuice
- ¼ kopp köttbensbuljong (se recept) eller nötbuljong utan tillsatt salt
- ¼ kopp vit vinäger
- ¼ till ½ tesked krossad röd paprika
- 8 koppar strimlad napakål
- ½ kopp rostade osaltade mandelskivor eller grovt hackade osaltade cashewnötter (se tips på sidan 57)

1. Om du vill, frys in köttet delvis för att göra det lättare att skära (ca 20 minuter). Skär köttet i mycket tunna skivor. Blanda nötköttet och pulvret med fem kryddor i en stor skål. Värm 1 matsked kokosolja i en stor wok eller extra stor stekpanna på medelvärme. Tillsätt hälften av köttet; koka och rör om i 3-5 minuter eller tills de fått färg. Lägg över köttet i en skål. Upprepa med resten av köttet och ytterligare en matsked olja. Lägg över köttet i en skål med resten av det tillagade köttet.

2. Tillsätt den återstående 1 msk olja i samma wok. Tillsätt lök; koka upp och rör om i 3 minuter. Lägg till sparris och morötter; koka och rör om i 2-3 minuter eller tills grönsakerna är knapriga. Tillsätt vitlök; koka och rör om i 1 minut till.

3. Till såsen, blanda apelsinskal, apelsinjuice, köttbensbuljong, vinäger och mald röd paprika i en liten skål. Tillsätt såsen och allt kött med dess juicer till grönsakerna i woken i en skål. Koka och rör om i 1-2 minuter eller tills den är genomvärmd. Använd en hålslev och överför nötköttsgrönsakerna till en stor skål. Täck för att hålla värmen.

4. Koka såsen utan lock på medelvärme i 2 minuter. Lägg till kål; koka och rör om i 1-2 minuter eller tills kålen mjuknar. Fördela kål- och soppsaften mellan fyra serveringsfat. Toppa jämnt med köttblandningen. Strö valnötter ovanpå.

CEDAR PLANK BIFFAR MED ASIATISKT PÅLÄGG OCH COLESLAW

HANDFAT:1 timme Förberedelse: 40 minuter Grill: 13 minuter Vila: 10 minuter Utbyte: 4 portioner.

NAPAKÅL KALLAS IBLAND FÖR KINAKÅL. DEN HAR VACKRA SKRYNKLIGA KRÄMBLAD MED LJUSA GULGRÖNA SPETSAR. DEN HAR EN DELIKAT, MJUK SMAK OCH KONSISTENS, HELT OLIK RUNDKÅLENS VAXARTADE BLAD, OCH ÄR FÖRVÅNANSVÄRT NATURLIG I RÄTTER I ASIATISK STIL.

1 stor cederträ planka
¼ uns torkad shiitakesvamp
¼ kopp valnötsolja
2 teskedar mald färsk ingefära
2 tsk krossad röd paprika
1 tsk krossad Szechwan-peppar
¼ tesked femkryddspulver
4 vitlöksklyftor, hackade
4 4- till 5-ounce oxfiléer, skurna ¾- till 1-tums tjocka
Asiatisk kål (se recept, Nedan)

1. Lägg grillbrädan i vattnet; gå ner i vikt och blötlägg i minst 1 timme.

2. Under tiden, för det asiatiska pålägget, häll kokande vatten över de torkade shiitakesvamparna i en liten skål; låt det sitta i 20 minuter för att smälta. Häll av svampen och lägg dem i en matberedare. Tillsätt nötolja, ingefära, krossad röd paprika, Sichuan-

pepparkorn, femkryddspulver och vitlök. Täck över och bearbeta tills svampen är hackad och ingredienserna kombineras; Lägg åtsidan.

3. Töm grillplattan. För en kolgrill, placera kolen på medelhög värme runt omkretsen av grillen. Lägg brädan på grillen direkt över kolen. Täck över och grilla i 3-5 minuter eller tills grillen börjar krackelera och ryka. Lägg biffarna på grillen direkt över de heta kolen; grilla i 3-4 minuter eller tills de är förkolnade. Lägg över biffarna på en bräda med den brynta sidan upp. Placera brädan i mitten av grillen. Fördela den asiatiska såsen mellan biffarna. Täck över och grilla i 10 till 12 minuter eller tills en omedelbar termometer som är insatt horisontellt i steken visar 130°F. (Gasgrill Värm grillen. Sänk värmen till medelhög värme. Lägg avrunnen bräda på gallret; täck och grilla 3-5 minuter eller tills brädan börjar krackelera och ryka. Placera filéerna på grillen i 3-4 minuter eller tills Överför filéerna till brädet, brynt sidan upp. Placera galler för indirekt tillagning; lägg brädan med filén på den släckta brännaren. Fördela pålägget mellan biffarna. Täck över och grilla i 10 till 12 minuter eller tills en omedelbar termometer som är insatt horisontellt i filéerna visar 130°F.) Ställ in gallret för indirekt tillagning; lägg brädan med filén på den släckta brännaren. Fördela pålägget mellan biffarna. Täck över och grilla i 10 till 12 minuter eller tills en omedelbar termometer som är insatt horisontellt i filéerna visar 130°F.) Ställ in gallret för indirekt tillagning; lägg brädan med filén på den släckta brännaren. Fördela pålägget mellan biffarna.

Täck och grilla i 10 till 12 minuter eller tills en omedelbar termometer som är insatt horisontellt i filéerna visar 130 °F.) Täck över och grilla i 10 till 12 minuter eller tills en omedelbar termometer som är insatt horisontellt i filéerna visar 130°F.) Ställ in gallret för indirekt tillagning; lägg brädan med filén på den släckta brännaren. Fördela pålägget mellan biffarna. Täck över och grilla i 10 till 12 minuter eller tills en omedelbar termometer som är insatt horisontellt i filéerna visar 130°F.) Ställ in gallret för indirekt tillagning; lägg brädan med filén på den släckta brännaren. Fördela pålägget mellan biffarna. Täck och grilla i 10 till 12 minuter eller tills en omedelbar termometer som är insatt horisontellt i filéerna visar 130 °F.) Täck över och grilla i 10 till 12 minuter eller tills en omedelbar termometer som är insatt horisontellt i filéerna visar 130°F.) Ställ in gallret för indirekt tillagning; lägg brädan med filén på den släckta brännaren. Fördela pålägget mellan biffarna. Täck över och grilla i 10 till 12 minuter eller tills en omedelbar termometer som är insatt horisontellt i filéerna visar 130°F.) Ställ in gallret för indirekt tillagning; lägg brädan med filén på den släckta brännaren. Fördela pålägget mellan biffarna. Täck och grilla i 10 till 12 minuter eller tills en omedelbar termometer som är insatt horisontellt i filéerna visar 130 °F.) Täck över och grilla i 10 till 12 minuter eller tills en omedelbar termometer som är insatt horisontellt i filéerna visar 130°F.) Ställ in gallret för indirekt tillagning; lägg brädan med filén på den släckta brännaren. Fördela pålägget mellan biffarna. Täck och grilla i 10 till 12 minuter eller tills en omedelbar termometer som är insatt horisontellt i filéerna visar 130 °F.) Täck över och grilla i 10 till 12 minuter eller tills en omedelbar termometer som är insatt horisontellt i filéerna visar 130°F.) Ställ in gallret för indirekt tillagning; lägg brädan med filén på den släckta brännaren. Fördela pålägget mellan biffarna. Täck och grilla i 10 till 12 minuter eller tills en omedelbar termometer som är insatt horisontellt i filéerna visar 130 °F.)

4. Ta bort biffarna från grillen. Täck biffar löst med folie; låt vila i 10 minuter. Skär biffarna i ¼ tum tjocka skivor. Servera steken över en asiatisk sallad.

Asiatisk sallad: I en stor skål, släng 1 medelstor grönkål, tunt skivad; 1 kopp finriven rödkål; 2 morötter, skalade och skurna; 1 röd eller gul paprika, kärnad och mycket tunt skivad; 4 vårlökar, fint skivade; 1-2 serrano-peppar, kärnade och hackade (se_luta_); 2 matskedar hackad koriander; och 2 matskedar mald mynta. För såsen, kombinera 3 matskedar färsk citronsaft, 1 matsked riven färsk ingefära, 1 finhackad vitlöksklyfta och ⅛ tesked femkryddspulver i en matberedare eller mixer. Täck och bearbeta tills den är slät. Med processorn igång, tillsätt gradvis ½ kopp valnötsolja och bearbeta tills den är slät. Tillsätt 1 tunt skivad vårlök till såsen. Häll över salladen och vänd så att den täcker.

PANSTEKT TRITIPBIFFAR MED BLOMKÅLSPEPERONATA

LÄXA:25 minuters tillagningstid: 25 minuter Utbyte: 2 portioner

PEPERONATA ÄR TRADITIONELLT EN LÅNGSAMT ROSTAD RAGU.PAPRIKA MED LÖK, VITLÖK OCH ÖRTER. DENNA SNABBSTEKTA VARIANT, REJÄLARE MED BLOMKÅL, FUNGERAR BÅDE SOM TILLBEHÖR OCH TILLBEHÖR.

2 4- till 6-ounce tri-tip biffar, skär ¾ till 1 tum tjocka

¾ tsk svartpeppar

2 matskedar extra virgin olivolja

2 röda och/eller gula paprikor, kärnade och skivade

1 tunt skivad schalottenlök

1 tesked medelhavskrydda (se<u>recept</u>)

2 dl små blomkålsbuketter

2 matskedar balsamvinäger

2 tsk färsk timjan, skuren i strimlor

1. Klappa biffarna torra med hushållspapper. Strö ¼ tesked svartpeppar på filéerna. Hetta upp 1 matsked olja i en stor panna på medelvärme. Lägg filéer i pannan; minska värmen till medium. Koka biffarna i 6-9 minuter på medelvärme (145°F), vänd då och då. (Om köttet bryner för snabbt, sänk värmen.) Ta ut filéerna från pannan; täck löst med folie för att hålla värmen.

2. Till peperonatan, tillsätt den återstående 1 msk olja i pannan. Tillsätt paprika och schalottenlök. Strö över medelhavskrydda. Koka på medelvärme i cirka 5

minuter eller tills paprikan mjuknat, rör om då och då. Tillsätt blomkål, balsamvinäger, timjan och resterande ½ tsk svartpeppar. Täck över och koka i 10-15 minuter eller tills blomkålen är mjuk, rör om då och då. Lägg tillbaka filéerna i pannan. Häll peperonatablandningen över filéerna. Servera omedelbart.

GRILLADE BIFFAR AU POIVRE MED SVAMPSÅS OCH DIJON

LÄXA:15 minuters tillagningstid: 20 minuter Utbyte: 4 portioner

DENNA FRANSKINSPIRERADE BIFF MED SVAMPSÅSDET KAN VARA PÅ BORDET PÅ DRYGT 30 MINUTER, VILKET GÖR DET TILL ETT UTMÄRKT ALTERNATIV FÖR EN SNABB VARDAGSMAT.

BIFFAR
- 3 matskedar extra virgin olivolja
- 1 kilo sparris, skuren
- 4 6-ounce biffar (benfri biff av nötkött) *
- 2 matskedar färsk rosmarin skuren i strimlor
- 1½ tsk mald svartpeppar

DOPP
- 8 uns skivad färsk svamp
- 2 pressade vitlöksklyftor
- ½ kopp köttbensbuljong (se recept)
- ¼ kopp torrt vitt vin
- 1 msk senap i Dijon-stil (se recept)

1. Värm 1 msk olja i en stor stekpanna på medelhög värme. Lägg till sparris; koka 8-10 minuter eller tills de är knapriga, vänd på stjälkarna då och då för att förhindra att de bränns. Överför sparrisen till en tallrik; Täck med aluminiumfolie för att hålla värmen.

2. Strö filéerna med rosmarin och peppar; gnugga med fingrarna. Värm de återstående 2 msk olja på

medelvärme i samma panna. Mer filéer; minska värmen till medium. Koka i 8-12 minuter på medelvärme (145°F), vänd köttet då och då. (Om köttet bryner för snabbt, sänk värmen.) Ta bort köttet från pannan, spara fettet. Täck filéerna löst med aluminiumfolie för att hålla dem varma.

3. Till såsen, tillsätt svampen och vitlöken till fettet i pannan; koka tills det är klart, rör om då och då. Tillsätt fond, vin och senap i Dijon-stil. Koka på medelvärme, skrapa upp eventuella brynta bitar på botten av pannan. Vattenkokare; stek i 1 minut till.

4. Dela sparrisen mellan fyra platta tallrikar. Toppa med filéer; häll såsen över filéerna.

*Obs: Om du inte hittar 6 oz platta biffar, köp två 8-12 oz biffar och skär dem på mitten för att göra fyra biffar.

GRILLADE BIFFAR MED SALSASALLAD OCH CHIPOTLE KARAMELLISERAD LÖK

LÄXA:30 minuter Marinering: 2 timmar Gräddning: 20 minuter Kylning: 20 minuter Grill: 45 minuter Utbyte: 4 portioner

GRILLAD BIFF ÄR RELATIVT NYTT.KIRURGI UTVECKLADES BARA FÖR NÅGRA ÅR SEDAN. SKÄR FRÅN DEN SALTA DELEN AV MODERKAKAN NÄRA SKULDERBLADET, DEN ÄR FÖRVÅNANSVÄRT MÖR OCH SMAKAR MYCKET DYRARE ÄN DEN ÄR, VILKET FÖRMODLIGEN FÖRKLARAR DESS SNABBA ÖKNING I POPULARITET.

BIFFAR
  ⅓ kopp färsk limejuice
  ¼ kopp extra virgin olivolja
  ¼ kopp grovt hackad koriander
  5 hackade vitlöksklyftor
  4 6-ounce biffar (benfria biffar av nötkött)

DRESSING SALLAD
  1 gurka (engelska) kärnade (skalad om så önskas), tärnad
  1 kopp kvarterade druvtomater
  ½ kopp hackad rödlök
  ½ kopp grovt hackad koriander
  1 poblano paprika, kärnad och tärnad (se_luta_)
  1 jalapeño, kärnad och finhackad (se_luta_)
  3 matskedar färsk citronsaft
  2 matskedar extra virgin olivolja

KARAMELLISERAD LÖK

2 matskedar extra virgin olivolja

2 stora söta lökar (som Maui, Vidalia, Texas Sweet eller Walla Walla)

½ tsk malen chipotle chili

1. För biffarna, lägg biffarna i en återförslutbar plastpåse i ett grunt fat; Lägg åtsidan. I en liten skål, kombinera citronsaft, olja, koriander och vitlök; häll över påsade filéer. Stäng påsen; vänd för att slå Låt marinera i kylen i 2 timmar.

2. Till salladen, blanda gurka, tomater, lök, koriander, poblano och jalapeño i en stor skål. Rör om för att kombinera. Till såsen, blanda citronsaft och olivolja i en liten skål. Ringla sås över grönsaker; kasta i en jacka. Täck över och kyl till servering.

3. För löken, förvärm ugnen till 400° F. Pensla insidan av den holländska ugnen med lite olivolja; Lägg åtsidan. Halvera löken på längden, ta bort skalet och skär sedan på tvären i ¼-tums tjocka skivor. I en holländsk ugn, blanda återstående olivolja, lök och chipotlepeppar. Täck över och grädda i 20 minuter. Öppna och låt svalna i ca 20 minuter.

4. Lägg över den avsvalnade löken i en bakpåse eller slå in löken i dubbel tjock folie. Stick igenom toppen av folien med ett spett på flera ställen.

5. För en kolgrill, placera kolen på medelvärme runt grillens omkrets. Prova medelvärme ovanför mitten av grillen. Placera paketet i mitten av gallret. Täck över och grilla i cirka 45 minuter eller tills löken är

mjuk och gyllenbrun. (På en gasolgrill, Förvärm grillen. Sänk värmen till medel. Lägg på indirekt tillagning. Lägg paketet på brännaren som är avstängd. Täck över och grilla enligt anvisningarna.)

6. Ta bort filéerna från marinaden; kassera marinaden. För en kol- eller gasgrill, placera biffarna direkt på grillen på medelhög värme. Täck över och grilla 8 till 10 minuter, eller tills en omedelbar termometer som är insatt horisontellt i steken visar 135 ° F, vänd en gång. Lägg över filéerna på ett fat, täck löst med folie och låt vila i 10 minuter.

7. Fördela salsasalladen mellan fyra serveringsfat att servera. Lägg en filé på varje tallrik och strö över generöst med karamelliserad lök. Servera omedelbart.

Framställningsinstruktioner: Salsasallad kan göras och kylas upp till 4 timmar före servering.

GRILLAD RIBEYE MED GRÄSLÖK OCH VITLÖKS "SMÖR"

LÄXA: 10 minuter tillagning: 12 minuter kylning: 30 minuter grillning: 11 minuter förberedelse: 4 portioner

HETTAN FRÅN NYGRILLADE BIFFAR SMÄLTERKARAMELLISERAD LÖK, VITLÖK OCH ÖRTER SUSPENDERADE I EN RIKT KRYDDAD BLANDNING AV KOKOSOLJA OCH OLIVOLJA.

2 matskedar oraffinerad kokosolja

1 liten lök, halverad och mycket tunt skivad (cirka ¾ kopp)

1 vitlöksklyfta, mycket tunt skivad

2 matskedar extra virgin olivolja

1 msk färsk persilja skuren i strimlor

2 tsk hackad färsk timjan, rosmarin och/eller oregano

4 8- till 10-ounce biff ribeye biffar, skurna 1-tums tjocka

½ tsk nymalen svartpeppar

1. Smält kokosoljan på låg värme i en medelstor stekpanna. Tillsätt lök; koka i 10-15 minuter eller tills de fått lite färg, rör om då och då. Tillsätt vitlök; koka 2-3 minuter längre eller tills löken är gyllenbrun, rör om då och då.

2. Lägg över lökblandningen i en liten skål. Tillsätt olivolja, persilja och timjan. Kyl, utan lock, 30 minuter eller tills blandningen är tillräckligt fast för att bilda en hög när den tas bort, rör om då och då.

3. Strö under tiden filéerna med peppar. För en kol- eller gasgrill, lägg biffarna direkt på grillen på medelvärme. Täck och grilla i 11-15 minuter för medium-rare (145°F) eller 14-18 minuter för medium (160°F), vänd en gång halvvägs genom grillningen.

4. Lägg varje filé på ett serveringsfat att servera. Skeda genast lökblandningen jämnt över filéerna.

RIBEYE SALLAD MED GRILLADE RÖDBETOR

LÄXA:20 minuter grillning: 55 minuter vila: 5 minuter
Utbyte: 4 portioner

DEN JORDNÄRA SMAKEN AV RÖDBETA BLANDAR SIG UNDERBARTSÖTMA FRÅN APELSINER OCH ROSTADE VALNÖTTER GÖR DENNA FÖRRÄTTSSALLAD CRUNCH, PERFEKT FÖR UTESERVERING EN VARM SOMMARNATT.

1 pund medium gyllene och/eller rödbetor, tvättade, putsade och skivade
1 liten lök, tunt skivad
2 kvistar färsk timjan
1 msk extra virgin olivolja
malen svartpeppar
2 8-ounce benfria biffar av ribeye, skurna ¾-tums tjocka
2 vitlöksklyftor, halverade
2 matskedar medelhavskrydda (se recept)
6 dl blandad sallad
2 apelsiner, skalade, skivade och grovt hackade
½ kopp hackade valnötter, rostade (se luta)
½ kopp ljus citrusvinägrett (se recept)

1. Lägg rödbetsgrenarna, löken och timjan i en foliepanna. Ringla över olja och rör om för att kombinera; strö lätt över malen svartpeppar. För en kol- eller gasgrill, placera pannan mitt på grillen. Täck över och grilla i 55-60 minuter eller tills de är mjuka när de sticks igenom med en kniv, rör om då och då.

2. Gnid under tiden de skurna sidorna av vitlöken på båda sidor av filéerna; strö över medelhavskrydda.

3. Flytta rödbetorna till mitten av grillen för att få plats med biffarna. Lägg biffarna på grillen direkt på medelvärme. Täck och grilla i 11-15 minuter för medium-rare (145°F) eller 14-18 minuter för medium (160°F), vänd en gång halvvägs genom grillningen. Ta bort foliepannan och filéerna från grillen. Låt filéerna vila i 5 minuter. Kasta timjankvistarna från foliepannan.

4. Skiva biffen diagonalt i lagom stora bitar. Fördela grönsakerna på fyra serveringsfat. Toppa med skivad biff, rödbetor, lökskivor, hackade apelsiner och valnötter. Ringla över den ljusa citrusvinägretten.

REVBEN I KOREANSK STIL MED STEKT INGEFÄRAKÅL

LÄXA:Tillagning 50 minuter: Grädda 25 minuter: Sval 10 timmar: Över natten Utbyte: 4 portioner

SÄKRA LOCKET PÅ DIN HOLLÄNDSKA UGNDEN PASSAR BRA SÅ ATT KOKVÄTSKAN UNDER EN MYCKET LÅNG TILLAGNINGSTID INTE AVDUNSTAR FRÅN SPRINGAN MELLAN LOCKET OCH GRYTAN.

1 uns torkad shiitakesvamp

1½ dl skivad gräslök

1 asiatiskt päron, skalat, urkärnat och hackat

1 3-tums bit färsk ingefära, skalad och finhackad

1 serranopeppar, hackad (frön om så önskas) (se_luta_)

5 vitlöksklyftor

1 matsked raffinerad kokosolja

5 kilo nötkött med ben

nymalen svartpeppar

4 koppar köttbensbuljong (se_recept_) eller nötbuljong utan tillsatt salt

2 koppar skivad färsk shiitakesvamp

1 msk finrivet apelsinskal

⅓ kopp färsk juice

Stekt ingefärskål (se_recept_, Nedan)

Finrivet apelsinskal (valfritt)

1. Värm ugnen till 325° F. Placera torkade shiitakesvampar i en liten skål; tillsätt tillräckligt med kokande vatten för att täcka. Låt sitta i cirka 30 minuter eller tills den är återfuktad och slät. Dränera,

spara blötläggningsvätskan. Finhacka svampen. Placera svamp i en liten skål; täck och kyl tills det behövs i steg 4. Ställ svamp och vätska åt sidan.

2. Till såsen kombinerar du salladslöken, det asiatiska päronet, ingefäran, serranon, vitlöken och den reserverade svampens blötläggningsvätska i en matberedare. Täck och bearbeta tills den är slät. Ställ såsen åt sidan.

3. Hetta upp kokosoljan i en 6 liters kastrull på medelvärme. Strö revbenen med nymalen svartpeppar. Koka revbenen i omgångar i het kokosolja i cirka 10 minuter eller tills de fått fin färg på alla sidor, vänd halvvägs genom tillagningen. Lägg tillbaka alla revben i grytan; tillsätt sås och buljong. Täck den holländska ugnen med ett lufttätt lock. Grädda i ca 10 timmar eller tills köttet är väldigt mört och faller av benet.

4. Ta försiktigt bort revbenen från såsen. Lägg revbenen och såsen i separata skålar. Täck över och kyl över natten. När såsen har svalnat, skumma bort fettet från såsens yta och kassera. Koka upp såsen på hög värme; tillsätt de hydratiserade svamparna från steg 1 och de färska svamparna. Koka långsamt i 10 minuter för att minska såsen och stärka smakerna. Lägg tillbaka revbenen till såsen; koka tills den är genomvärmd. Tillsätt 1 msk apelsinskal och apelsinjuice. Servera med stekt ingefärskål. Strö om så önskas apelsinskal ovanpå.

Stekt ingefärskål: Värm 1 msk raffinerad kokosolja i en stor stekpanna på medelvärme. Tillsätt 2 matskedar mald färsk ingefära; 2 hackade vitlöksklyftor; och krossad röd paprika efter smak. Koka och rör om tills det doftar, cirka 30 sekunder. Tillsätt 6 koppar strimlad bok choy, grönkål eller grönkål och 1 asiatiskt päron, skalat, urkärnat och tunt skivat. Koka och rör om i 3 minuter eller tills kålen torkar lite och päronet har mjuknat. Tillsätt ½ kopp osötad äppeljuice. Täck över och koka i ca 2 minuter tills kålen är mjuk. Tillsätt ½ kopp skivad salladslök och 1 msk sesamfrön.

BEEF SHORT RIBS MED CITRUS OCH FÄNKÅL GREMOLATA

LÄXA: 40 minuters grillning: 8 minuter långsam tillagning: 9 timmar (låg) eller 4½ timme (hög) Utbyte: 4 portioner

GREMOLATA ÄR EN SMAKRIK BLANDNINGPERSILJA, VITLÖK OCH CITRONSKAL STRÖS ÖVER OSSO BUCCO, EN KLASSISK ITALIENSK RÄTT GJORD AV BRÄSERADE KALVFÖTTER, SOM LYSER UPP DESS RIKA, SMÖRIGA SMAK. MED TILLÄGG AV APELSINSKAL OCH FÄRSKA FÄNKÅLSBLAD GÖR DEN SAMMA SAK MED DESSA MJUKA NÖTKÖTTSSPJÄLL.

REVBEN
- 2½ till 3 kilo korta revben med ben
- 3 matskedar citronörtskrydda (se recept)
- 1 medelstor fänkålslök
- 1 stor lök, skuren i stora skivor
- 2 dl köttbensbuljong (se recept) eller nötbuljong utan tillsatt salt
- 2 vitlöksklyftor, halverade

BAKAD PUMPA
- 3 matskedar extra virgin olivolja
- 1 pund pumpa, skalad, kärnad och skuren i ½-tums bitar (cirka 2 koppar)
- 4 tsk färsk timjan skuren i strimlor
- extra virgin olivolja

GREMOLATA
- ¼ kopp hackad färsk persilja

2 matskedar finhackad vitlök

1½ tsk fint rivet citronskal

1½ tsk fint rivet apelsinskal

1. Strö revbenen med citronörtskrydda; gnugga köttet lätt med fingrarna; Lägg åtsidan. Ta bort löv från fänkål; reserv för citrus och fänkål Gremolata. Skär och kvarta fänkålen.

2. För en kolgrill, placera kolen på ena sidan av grillen på medelvärme. Prova grillkanten utan kol på medelvärme. Placera revbenen på grillgallret på sidan utan kol; lägg fänkålskvartarna och lökskivorna på grillen direkt över kolen. Täck över och grilla i 8-10 minuter eller tills grönsakerna och revbenen fått färg, vänd en gång halvvägs genom grillen. (Gasgrill Förvärm grillen, sänk värmen till medium. Ställ in för indirekt tillagning. Placera revbenen på grillen över släckt brännare; lägg fänkål och lök på grillen över tänd brännare. Täck över och tillaga enligt grillens anvisningar.) När det är tillräckligt kallt för att hantera,

3. Blanda en 5-6 liters slow cooker med hackad fänkål och lök, oxbensbuljong och vitlök. Lägg i revbenen. Täck över och koka på låg i 9-10 timmar eller 4½-5 timmar på hög. Överför revbenen till en tallrik med en hålslev; Täck med aluminiumfolie för att hålla värmen.

4. Under tiden, för squashen, värm 3 matskedar olja i en stor stekpanna på medelhög värme. Tillsätt pumpan och 3 tsk timjan, rör om för att täcka pumpan. Lägg

pumporna i ett enda lager på pannan och koka utan omrörning i cirka 3 minuter eller tills underkanterna är bruna. Vänd på pumpabitarna; koka i ca 3 minuter till eller tills båda sidor är bruna. Sänk värmen till låg; täck och koka i 10-15 minuter eller tills de är mjuka. Strö över återstående tesked färsk timjan; ringla extra jungfruolja på toppen.

5. För gremolatan, hacka de reserverade fänkålsbladen så fint att du får ¼ kopp. Blanda ihop hackade fänkålsblad, persilja, vitlök, citronskal och apelsinskal i en liten skål.

6. Strö gremolatan över revbenen. Servera med pumpa.

KÖTTPAJER I SVENSK STIL MED SENAP-DILL-GURKSALLAD

LÄXA:30 minuters tillagningstid: 15 minuter Utbyte: 4 portioner

BEEF À LA LINDSTRÖM ÄR EN SVENSK HAMBURGARETRADITIONELLT ÖVERSÅLLAD MED LÖK, KAPRIS OCH INLAGDA RÖDBETOR, SERVERAD MED SÅS OCH UTAN BULLE. DENNA VARIANT MED KRYDDPEPPAR ERSÄTTER ROSTADE RÖDBETOR MED SALTTORKADE INLAGDA RÖDBETOR OCH KAPRIS OCH TOPPAS MED ETT STEKT ÄGG.

GURKSALLAD
  2 tsk färsk apelsinjuice
  2 teskedar vit vinäger
  1 tsk senap i Dijon-stil (se recept)
  1 msk extra virgin olivolja
  1 stor kärnfri (engelsk) gurka, skalad och skivad
  2 msk skivad gräslök
  1 msk hackad färsk dill

KÖTT EMPANADAS
  1 kilo köttfärs
  ¼ kopp finhackad lök
  1 msk senap i Dijon-stil (se recept)
  ¾ tsk svartpeppar
  ½ tsk mald kryddpeppar
  ½ liten rödbeta, rostad, skalad och hackad*
  2 matskedar extra virgin olivolja

½ kopp köttbensbuljong (se<u>recept</u>) eller nötbuljong utan tillsatt salt

4 stora ägg

1 msk hackad gräslök

1. Till gurksalladen, blanda apelsinjuicen, vinägern och Dijon-liknande senap i en stor skål. Tillsätt långsamt olivoljan i en tunn stråle, vispa tills såsen tjocknar lite. Tillsätt gurka, lök och dill; rör om tills det blandas. Täck över och kyl till servering.

2. Blanda nötfärs, lök, senap i Dijon-stil, peppar och kryddpeppar i en stor skål. Tillsätt de rostade rödbetorna och blanda försiktigt tills de är jämnt införlivade i köttet. Forma blandningen till fyra ½ tum tjocka biffar.

3. Hetta upp 1 msk olivolja i en stor stekpanna på medelvärme. Stek hamburgarna i ca 8 minuter eller tills de är bruna och kokta på utsidan (160°), vänd en gång. Lägg biffarna på ett fat och täck löst med folie för att hålla dem varma. Tillsätt köttbuljongen, rör om för att lossa eventuella bruna bitar från botten av grytan. Koka i cirka 4 minuter eller tills den reducerats till hälften. Pensla biffarna med lite av pannsaften och täck löst igen.

4. Skölj och torka av pannan med en pappershandduk. Värm den återstående 1 msk olivolja på medelvärme. Stek äggen i den heta oljan i 3-4 minuter eller tills vitan stelnat men äggulorna förblir mjuka och rinnande.

5. Lägg ett ägg i varje köttbiff. Strö över gräslök och servera med en gurksallad.

*Tips: Rosta rödbetorna väl och lägg dem på aluminiumfolie. Ringla lite olivolja ovanpå. Slå in i folie och förslut tätt. Grädda i 375 graders ugn i ca 30 minuter eller tills en gaffel lätt tränger igenom rödbetorna. Låt det svalna; glida av huden. (Betor kan rostas upp till 3 dagar i förväg. Slå in de skalade rostade rödbetorna tätt och förvara i kylen.)

GRILLADE BIFFBURGARE MED RUCCOLA OCH ROSTADE ROTFRUKTER

LÄXA:Tillagning 40 minuter: 35 minuter stekning: 20 minuter Utbyte: 4 portioner

DET FINNS MÅNGA RESMÅLDESSA REJÄLA HAMBURGARE TAR LITE TID ATT MONTERA, MEN DEN OTROLIGA KOMBINATIONEN AV SMAKER GÖR DET VÄRT ANSTRÄNGNINGEN: NÖTFÄRSBIFFEN TOPPAS MED KARAMELLISERAD LÖK- OCH SVAMPSÅS OCH SERVERAS MED ROSTADE SÖTA GRÖNSAKER OCH RUCCOLAPEPPAR.

- 5 matskedar extra virgin olivolja
- 2 koppar skivad färsk svamp, cremini och/eller shiitake
- 3 gula lökar, tunt skivade*
- 2 tsk spiskummin
- 3 morötter, skalade och skurna i 1-tums bitar
- 2 palsternacka, skalade och skurna i 1-tums bitar
- 1 ekollon squash, halverad, kärnad och skivad
- nymalen svartpeppar
- 2 kilo nötfärs
- ½ kopp hackad lök
- 1 matsked saltfri allmän kryddblandning
- 2 dl köttbensbuljong (se_recept_) eller nötbuljong utan tillsatt salt
- ¼ kopp osötad äppeljuice
- 1-2 matskedar vit vinäger eller torr sherry
- 1 msk senap i Dijon-stil (se_recept_)

1 msk hackade färska timjanblad
1 msk färsk persilja skuren i strimlor
8 dl ruccolablad

1. Värm ugnen till 425 ° F. För såsen, värm 1 matsked olivolja i en stor stekpanna på medelhög värme. Mer svamp; koka och rör om i ca 8 minuter eller tills de fått fin färg och mjuk. Lägg över svampen på en tallrik med en hålslev. Återställ pannan till värmen; minska värmen till medium. Tillsätt resterande 1 matsked olivolja, skivad lök och spiskummin. Täck över och koka i 20-25 minuter eller tills löken är väldigt mjuk och brun, rör om då och då. (Justera värmen efter behov för att förhindra att lök bränns.)

2. Lägg under tiden de rostade knölarna på en stor plåt med morötter, palsternacka och pumpa. Ringla över 2 matskedar olivolja och strö över peppar efter smak; täck med grönsaker. Grädda i 20-25 minuter eller tills de är mjuka och börjar få färg, vänd en gång halvvägs. Håll grönsakerna varma fram till servering.

3. Blanda nötfärs, hackad lök och kryddblandning i en stor skål till hamburgarna. Dela köttblandningen i fyra lika stora delar och forma dem till ca ¾ tum tjocka biffar. Värm den återstående matskeden olivolja på medelvärme i en mycket stor stekpanna. Lägg hamburgare i pannan; koka i ca 8 minuter eller tills de är förkolnade på båda sidor, vänd en gång. Lägg över hamburgarna på en tallrik.

4. Tillsätt den karamelliserade löken, de reserverade champinjonerna, nötbensbuljongen, äppeljuice,

sherry och dijonliknande senap i pannan under omrörning. Lägg tillbaka hamburgarna i pannan. Koka upp. Koka tills hamburgarna är genomstekta (160°F), cirka 7-8 minuter. Tillsätt färsk timjan, persilja och peppar efter smak.

5. Servera 2 koppar ruccola på var och en av fyra serveringsfat. Fördela de rostade grönsakerna bland salladerna och toppa med biffarna. Skeda lökblandningen generöst över hamburgerbiffarna.

*Tips: En mandolinskärare är en bra hjälp när du skär löken tunt.

GRILLADE BIFFBURGARE MED SESAMBELAGDA TOMATER

LÄXA:30 minuter vila: 20 minuter grill: 10 minuter Utbyte: 4 portioner

KRISIGA OCH GYLLENE TOMATSKIVOR MED SESAMSKORPABYT UT DEN TRADITIONELLA SESAMFRÖBULLEN I DESSA RÖKTA HAMBURGARE. SERVERA DEM MED KNIV OCH GAFFEL.

4 ½ tum tjocka röda eller gröna tomatskivor*
1¼ kilo mager köttfärs
1 matsked rökt krydda (se recept)
1 stort ägg
¾ kopp mandelmjöl
¼ kopp sesamfrön
¼ tsk svartpeppar
1 liten rödlök, halverad och skivad
1 msk extra virgin olivolja
¼ kopp raffinerad kokosolja
1 litet huvud av Bibb-sallat
Ketchup Paleo (se recept)
Senap i Dijon-stil (se recept)

1. Lägg tomatskivorna på ett dubbelt lager hushållspapper. Täck tomaterna med ytterligare ett dubbelt lager hushållspapper. Tryck till pappershanddukarna lätt så att de fastnar på tomaterna. Låt stå i rumstemperatur i 20-30 minuter för att absorbera lite av tomatjuicen.

2. Blanda under tiden färsen och den rökta kryddan i en stor skål. Forma till fyra ½ tum tjocka biffar.

3. Vispa ägget lätt med en gaffel i en grund skål. I en annan grund skål, kombinera mandelmjöl, sesamfrön och peppar. Doppa varje tomatskiva i ägget och vänd. Låt överflödigt ägg droppa av. Doppa varje tomatskiva i mandelmjölsblandningen och vänd. Lägg de vispade tomaterna på en platt tallrik; Lägg åtsidan. Kasta lökskivorna med olivolja; lägg lökskivorna i stekkorgen.

4. För en kol- eller gasolgrill, lägg löken i korgen och köttbiffarna på grillen på medelvärme. Täck över och grilla i 10-12 minuter eller så är löken brun och lätt förkolnad och burgarna är klara (160°), rör om i löken då och då och vänd burgarna en gång.

5. Värm under tiden oljan i en stor panna på medelvärme. Lägg i tomatskivorna; koka 8-10 minuter eller tills de är gyllenbruna, vänd en gång. (Om tomaterna får färg för snabbt, sänk värmen till medelhög. Tillsätt mer olja om det behövs.) Låt rinna av på en plåt med hushållspapper.

6. Fördela salladen mellan fyra serveringsfat att servera. Toppa med biffar, lök, Paleo tomatsås, Dijon-liknande senap och sesamöverdragna tomater.

*Obs: Du behöver förmodligen 2 stora tomater. Om du använder röda tomater, välj tomater som är mogna men fortfarande något fasta.

HAMBURGARE PÅ PINNE MED BABA GHANOUSH DIPPSÅS

HANDFAT:15 minuter förberedelse: 20 minuter grillning: 35 minuter Utbyte: 4 portioner

BABA GHANOUSH ÄR EN FÖRLÄNGNING AV MELLANÖSTERNGJORD AV RÖKT GRILLAD AUBERGINEPURÉ MED OLIVOLJA, CITRON, VITLÖK OCH TAHINI, EN PASTA GJORD AV MALDA SESAMFRÖN. ETT STÄNK SESAMFRÖN ÄR BRA, MEN NÄR DE GÖRS TILL EN OLJA ELLER PASTA BLIR DE EN KONCENTRERAD KÄLLA TILL LINOLSYRA, VILKET KAN FRÄMJA INFLAMMATION. PINJENÖTSSMÖRET SOM ANVÄNDS HÄR ÄR ETT BRA SUBSTITUT.

4 torkade tomater

1½ kilo mager köttfärs

3-4 matskedar hackad lök

1 msk hackad färsk oregano och/eller hackad färsk mynta eller ½ tsk krossad torkad oregano

¼ tesked cayennepeppar

Baba Ghanoush dippsås (se recept, Nedan)

1. Blötlägg åtta 10-tums träspett i vatten i 30 minuter. Häll under tiden en liten skål med kokande vatten över tomaterna; låt det sitta i 5 minuter för att smälta. Låt tomaterna rinna av och torka dem med hushållspapper.

2. Kombinera de hackade tomaterna, nötfärsen, löken, oregano och cayennepeppar i en stor skål. Dela köttblandningen i åtta delar; rulla varje del till en boll.

Ta bort spetten från vattnet; Jag vet det. Trä bollen på spetten och forma en lång oval runt spetten, börja precis under den spetsiga spetsen och lämna tillräckligt med utrymme i andra änden för att hålla pinnen. Upprepa med andra spett och bollar.

3. För en kol- eller gasolgrill, placera köttspetten på grillen direkt på medelvärme. Täck över och grilla i cirka 6 minuter eller tills den är klar (160°F), vänd en gång halvvägs genom grillningen. Servera med Baba Ghanoush dippsås.

Baba Ghanoush dippsås: Pricka 2 medelstora auberginer på flera ställen med en gaffel. För en kol- eller gasgrill, placera aubergineerna på grillgallret direkt på medelvärme. Täck över och grilla i 10 minuter eller tills de är förkolnade på alla sidor, vänd flera gånger under grillningen. Ta bort auberginerna och linda försiktigt in dem i aluminiumfolie. Lägg tillbaka de inslagna auberginema på grillen, men inte direkt på kolen. Täck över och grilla i ytterligare 25-35 minuter eller tills den är smulad och väldigt mör. Häftigt. Skär auberginema på mitten och skrapa ur fruktköttet; lägg köttet i en matberedare. Tillsätt ¼ kopp pinjenötssmör (se recept); ¼ kopp färsk citronsaft; 2 hackade vitlöksklyftor; 1 matsked extra virgin olivolja; 2-3 matskedar färsk persilja skuren i strimlor; och ½ tsk malen spiskummin. Täck över och bearbeta tills nästan slät. Om såsen är för tjock att doppa, tillsätt mer vatten för att få önskad konsistens.

RÖKT FYLLD PAPRIKA

LÄXA:Tillagning 20 minuter: Grädda 8 minuter: 30 minuter
Utbyte: 4 portioner

GÖR DETTA TILL EN FAMILJEFAVORITMED EN BLANDNING AV FÄRGGLADA PAPRIKA FÖR ETT BLICKFÅNG. ELDROSTADE TOMATER ÄR ETT BRA EXEMPEL PÅ ATT TILLFÖRA GOD SMAK TILL MAT PÅ ETT HÄLSOSAMT SÄTT. ATT HELT ENKELT FÖRKOLNA TOMATERNA LÄTT INNAN DE PACKAS UPP (UTAN SALT) FÖRBÄTTRAR DERAS SMAK.

- 4 stora gröna, röda, gula och/eller orange paprika
- 1 kilo köttfärs
- 1 matsked rökt krydda (se recept)
- 1 msk extra virgin olivolja
- 1 liten gul lök, hackad
- 3 pressade vitlöksklyftor
- 1 litet blomkålshuvud, kärna ur och skär i buketter
- 1 15 oz utan salt tillsatt tärnade eldrostade tomater, avrunna
- ¼ kopp hackad färsk persilja
- ½ tsk svartpeppar
- ⅛ tesked cayennepeppar
- ½ kopp valnötssmulor (se recept, Nedan)

1. Värm ugnen till 375° F. Skär paprika på mitten vertikalt. Ta bort stjälkar, frön och hinnor; avvisa. Lägg åt sidan paprikahalvorna.

2. Placera köttfärs i en medelstor skål; strö över rökt krydda. Blanda försiktigt ner kryddorna med händerna i köttet.

3. Hetta upp olivoljan i en stor panna på medelvärme. Tillsätt kött, lök och vitlök; stek tills köttet fått färg och löken är kokt. Rör om med en träslev för att bryta upp köttet. Ta stekpannan från värmen.

4. Finförädla blomkålsbuketterna i en matberedare. (Om du inte har en matberedare, använd ett rivjärn för att riva blomkålen.) Mät upp 3 dl blomkål. Lägg till köttfärsblandningen i pannan. (Om du har kvar blomkål, spara den för en annan användning.) Tillsätt de avrunna tomaterna, persiljan, svartpeppar och cayennepeppar.

5. Fyll paprikahalvorna med köttfärsblandningen, packa lätt och platta till något. Lägg de fyllda paprikahalvorna i ugnsformen. Grädda i 30-35 minuter eller tills paprikorna är krispiga. * Toppa med nötsmulor. Om så önskas kan du återgå till ugnen i 5 minuter för att bli knaprig innan servering.

Nötknäpparfyllning: Värm 1 msk extra virgin olivolja i en medelstor stekpanna på låg värme. Tillsätt 1 tsk torkad timjan, 1 tsk rökt paprika och ¼ tsk vitlökspulver. Tillsätt 1 dl hackade valnötter. koka och rör om i cirka 5 minuter eller tills valnötterna är gyllenbruna och lätt rostade. Tillsätt en nypa eller två cayennepeppar. Låt svalna helt. Förvara överbliven fyllning i en tättsluten behållare i kylen tills den ska användas. Ger 1 kopp.

*Obs: Om du använder grön paprika, grädda i ytterligare 10 minuter.

BISONBURGARE MED CABERNETLÖK OCH RUCCOLA

LÄXA:Tillagning 30 minuter: 18 minuter Grillning: 10 minuter Utbyte: 4 portioner

BISON HAR EN MYCKET LÅG FETTHALTOCH TILLAGAS 30-50% SNABBARE ÄN NÖTKÖTT. KÖTTET BEHÅLLER SIN RÖDA FÄRG EFTER TILLAGNING, SÅ FÄRGEN ÄR INTE ETT TECKEN PÅ ATT KÖTTET ÄR TILLAGAT. EFTERSOM BISON ÄR SÅ MAGERT, KOKA DEN INTE ÖVER 155°F INNERTEMPERATUR.

- 2 matskedar extra virgin olivolja
- 2 stora söta lökar, tunt skivade
- ¾ kopp Cabernet Sauvignon eller annat torrt rött vin
- 1 tesked medelhavskrydda (se recept)
- ¼ kopp extra virgin olivolja
- ¼ kopp balsamvinäger
- 1 msk hackad schalottenlök
- 1 matsked hackad färsk basilika
- 1 liten vitlöksklyfta, finhackad
- 1 kilo mald bison
- ¼ kopp basilikapesto (se recept)
- 5 koppar ruccola
- Osaltade råa pistagenötter, rostade (se luta)

1. Hetta upp 2 matskedar olja i en stor stekpanna på medelvärme. Tillsätt löken. koka under lock i 10-15 minuter eller tills löken är mjuk, rör om då och då. Lära känna; koka och rör om på medelvärme i 3-5 minuter eller tills löken är gyllenbrun. Mer vin; koka i

cirka 5 minuter eller tills det mesta av vinet har avdunstat. Strö över medelhavskrydda; hålla varm.

2. Under tiden, för vinägretten, blanda ¼ kopp olivolja, vinäger, schalottenlök, basilika och vitlök i en burk med skruvlock. Täck och skaka väl.

3. Blanda den malda bisonen och basilikapeston lätt i en stor skål. Forma försiktigt köttblandningen till fyra ¾-tums tjocka biffar.

4. För en kol- eller gasgrill, lägg biffarna på ett lätt oljat grillgaller direkt på medelvärme. Täck över och grilla i cirka 10 minuter till önskad form (145°F medium-rare eller 155°F medium), vänd en gång halvvägs.

5. Lägg ruccolan i en stor skål. Ringla vinägrett över ruccola; kasta i en jacka. Dela löken mellan fyra serveringsfat att servera. toppa var och en med bisonstek. Toppa burgarna med ruccola och strö över pistagenötter.

BISON- OCH LAMMFÄRS MED MANGOLD OCH SÖTPOTATIS

LÄXA:1 timmes tillagning: 20 minuters bakning: 1 timmes vila: 10 minuter Utbyte: 4 portioner

DETTA ÄR GAMMALDAGS KOMFORTMATMED EN MODERN TWIST. RÖDVINSSÅS GER SMAK ÅT KÖTTFÄRSLIMPAN, OCH VITLÖKSPULVER OCH SÖTPOTATISPURÉ MED CASHEWKRÄM OCH KOKOSOLJA GER ETT OTROLIGT NÄRINGSINNEHÅLL.

2 matskedar olivolja

1 dl hackad cremini-svamp

½ kopp hackad rödlök (1 medium)

½ kopp hackad selleri (1 stjälk)

⅓ kopp hackade morötter (1 liten)

½ litet äpple, skalat och rivet

2 pressade vitlöksklyftor

½ tsk medelhavskrydda (se recept)

1 stort ägg, lätt uppvispat

1 msk färsk salvia skuren i strimlor

1 msk färsk timjan skuren i strimlor

8 oz mald bison

8 oz malet lamm eller nötkött

¾ kopp torrt rött vin

1 medelstor schalottenlök, hackad

¾ kopp köttbensbuljong (se recept) eller nötbuljong utan tillsatt salt

sötpotatispuré (se recept, Nedan)

Mangold med vitlök (se recept, Nedan)

1. Värm ugnen till 350° F. Värm olja i en stor stekpanna på medelvärme. Tillsätt svamp, lök, selleri och morot; koka och rör om i ca 5 minuter eller tills grönsakerna har mjuknat. Sänk värmen till låg; tillsätt rivet äpple och vitlök. Koka under lock i ca 5 minuter eller tills grönsakerna är väldigt mjuka. Avlägsna från värme; tillsätt medelhavskryddor.

2. Använd en hålslev för att överföra svampblandningen till en stor skål och spara fettet till pannan. Tillsätt ägg, salvia och timjan. Tillsätt mald bison och malet lamm; blanda lätt. Placera köttblandningen i en 2-quart rektangulär ugnsform; gör en 7 x 4 tums rektangel. Grädda i ca 1 timme eller tills en omedelbar termometer visar 155°F. Låt stå i 10 minuter. Ta försiktigt bort köttfärsen och lägg på ett serveringsfat. Täck över och håll varmt.

3. För stekpannasåsen, skrapa bort fettet och de knapriga bruna bitarna från bakplåten till det reserverade fettet i stekpannan. Tillsätt vin och schalottenlök. Koka upp på medelvärme; koka tills den reducerats till hälften. Tillsätt nötbuljong; koka och rör om tills det reducerats till hälften. Ta stekpannan från värmen.

4. Dela sötpotatispuré mellan fyra serveringsfat att servera; toppa med mangold. En skiva köttbullar; Lägg skivorna ovanpå Garlicky Chard och ringla över pannsåsen.

Sötpotatispuré: Skala och hacka 4 medelstora sötpotatisar. Koka potatisen i en stor kastrull med kokande vatten så att den täcker i 15 minuter eller tills den är mjuk. klar. Puré med en potatisstöt. Tillsätt ½ dl cashewgrädde (se_recept_) och 2 matskedar oraffinerad kokosolja; puré tills den är slät. Hålla värmen.

Mangold: Ta bort stjälkarna från två mangoldklyftor och kassera. Skär bladen i stora bitar. Värm 2 matskedar olivolja på medelvärme i en stor panna. Tillsätt mangold och 2 hackade vitlöksklyftor; koka tills mangold är kokt, vänd då och då med en tång.

BISON KÖTTBULLAR MED ÄPPLE OCH VINBÄR MED ZUCCHINI PAPPARDELLE

LÄXA:Grädda 25 minuter: Tillaga 15 minuter: 18 minuter
Utbyte: 4 portioner

KÖTTBULLARNA ÄR VÄLDIGT BLÖTA NÄR DU BILDAR DEM. FÖR ATT FÖRHINDRA ATT KÖTTBLANDNINGEN FASTNAR PÅ DINA HÄNDER, HA EN SKÅL MED KALLT VATTEN TILL HANDS OCH BLÖT HÄNDERNA DÅ OCH DÅ MEDAN DU ARBETAR. BYT VATTEN ETT PAR GÅNGER NÄR DU GÖR KÖTTBULLAR.

KÖTTBULLAR
Olivolja
½ dl rödlök, grovt hackad
2 pressade vitlöksklyftor
1 ägg, lätt uppvispat
½ dl hackad svamp och stjälkar
2 msk hackad färsk italiensk (plattbladig) persilja
2 teskedar olivolja
1 pund mald bison (grovmalen om tillgänglig)

ÄPPEL- OCH VINBÄRSSÅS
2 matskedar olivolja
2 stora Granny Smith-äpplen, skalade, urkärnade och hackade
2 hackade schalottenlök
2 matskedar färsk citronsaft

½ kopp kycklingbensbuljong (se<u>recept</u>) eller
kycklingbuljong utan tillsatt salt

2-3 matskedar torkade vinbär

ZUCCHINI FÖR PAPPARDE
6 zucchini
2 matskedar olivolja
¼ kopp finhackad gräslök
½ tsk krossad röd paprika
2 pressade vitlöksklyftor

1. För köttbullar, förvärm ugnen till 375 ° F. Smörj lätt en kantad bakplåt med olivolja; Lägg åtsidan. Blanda löken och vitlöken i en matberedare eller mixer. Puls tills den är stabil. Överför lökblandningen till en medelstor skål. Tillsätt ägg, svamp, persilja och 2 tsk olja; rör om för att blanda. Tillsätt mald bison; blanda försiktigt men väl. Dela köttblandningen i 16 delar; forma till köttbullar. Lägg köttbullarna jämnt fördelade på den förberedda bakplåten. Grädda i 15 minuter; Lägg åtsidan.

2. Till såsen, värm 2 matskedar olja i en panna på medelvärme. Tillsätt äpplen och schalottenlök; koka och rör om i 6-8 minuter eller tills de är väldigt mjuka. Tillsätt citronsaft. Överför blandningen till en matberedare eller mixer. Täck och bearbeta eller blanda tills det är slätt; gå tillbaka till pannan. Tillsätt kycklingbensbuljong och vinbär. Vattenkokare; Sänk värmen. Sjud under lock i 8-10 minuter, rör om ofta. Tillsätt köttbullarna; koka och rör om på låg värme tills den är genomvärmd.

3. Skär under tiden ändarna på zucchinierna till pappardellen. Använd en mycket vass mandolin eller grönsaksskalare och skär zucchinin i tunna strimlor. (För att hålla remsorna intakta, sluta raka dig när du når fröna i mitten av pumpan.) Värm 2 matskedar olja på medelvärme i en mycket stor stekpanna. Tillsätt vitlök, pressad röd paprika och vitlök; koka och rör om i 30 sekunder. Lägg till zucchinistrimlor. Koka och rör om försiktigt i cirka 3 minuter eller tills det mjuknat.

4. Dela papparden mellan fyra serveringsfat att servera. toppa med köttbullar och äppel-vinbärssås.

BISON PORCINI BOLOGNESE MED ROSTAD VITLÖKS SPAGHETTI SQUASH

LÄXA:Tillagning 30 minuter: 1 timme Grädda 30 minuter: 35 minuter Utbyte: 6 portioner

OM DU TRODDE ATT DU SKULLE DÖDIN SISTA TALLRIK SPAGETTI MED KÖTTSÅS NÄR DU ANAMMADE THE PALEO DIET®, TÄNK OM. DENNA RIKA BOLOGNESE SMAKSATT MED VITLÖK, RÖTT VIN OCH JORDNÄRA PORCINI-SVAMPAR ÄR PACKAD MED SÖTA OCH LÄCKRA TRÅDAR AV SPAGHETTI SQUASH. DU KOMMER INTE MISSA PASTA ETT DUGG.

- 1 uns torkad porcini-svamp
- 1 dl kokande vatten
- 3 matskedar extra virgin olivolja
- 1 kilo mald bison
- 1 kopp hackade morötter (2)
- ½ kopp hackad lök (1 medium)
- ½ kopp hackad selleri (1 stjälk)
- 4 vitlöksklyftor, hackade
- 3 matskedar tomatpuré utan salt
- ½ dl rött vin
- 2 15-ounce burkar krossade tomater utan salttillsats
- 1 tsk torkad oregano, krossad
- 1 tsk torkad timjan, mald
- ½ tsk svartpeppar
- 1 medelstor spaghetti squash (2½-3 kilo)

1 vitlöksklump

1. I en liten skål, kombinera porcini svamp och kokande vatten; låt vila i 15 minuter. Sila genom en sil fodrad med 100 % bomullstyg och spara blötläggningsvätskan. Hacka svampen; Lägg åtsidan

2. Värm 1 msk olivolja i en 4-5 liters kastrull på medelvärme. Tillsätt mald bison, morötter, lök, selleri och vitlök. Koka tills köttet är brynt och grönsakerna är kokta. Rör om med en träslev för att bryta upp köttet. Tillsätt tomatpuré; koka och rör om i 1 minut. Tillsätt rött vin; koka och rör om i 1 minut. Tillsätt porcini-svamp, tomater, oregano, timjan och peppar. Tillsätt den reserverade svampvätskan, var noga med att inte lägga till någon sand eller gryn som kan vara i botten av skålen. Koka upp, rör om då och då; minska värmen till låg. Sjud under lock i 1½-2 timmar eller tills önskad konsistens.

3. Värm under tiden ugnen till 375° F. Skär squashen på mitten på längden; skrapa ur fröna. Lägg pumpahalvorna, med skurna sidan nedåt, i en stor ugnsform. Nagga hela skinnet med en gaffel. Skär ½ tum av vitlökshuvudet. Lägg vitlöken med skuren sida upp i ugnsformen med pumpan. Ringla resten med en matsked olivolja. Rosta i 35-45 minuter eller tills squashen och vitlöken är mjuka.

4. Ta bort och mosa fruktköttet från varje pumpahalva med sked och gaffel. överför till en skål och täck för att hålla sig varm. När vitlöken är sval nog att hantera, ta bort klyftorna genom att pressa botten av

löken. Mosa vitlöksklyftorna med en gaffel. Blanda den pressade vitlöken med pumpan och fördela vitlöken jämnt. För att servera, häll såsen över pumpablandningen.

BISON CHILI CON CARNE

LÄXA:25 minuters tillagningstid: 1 timme 10 minuter Utbyte: 4 portioner

CHOKLAD, KAFFE OCH KANEL UTAN SOCKERLÄGG INTRESSE TILL DENNA REJÄLA FAVORIT. DU KAN FÅ EN ÄNNU RÖKIGARE SMAK GENOM ATT BYTA UT DEN VANLIGA PAPRIKAN MOT 1 MSK SÖTRÖKT PAPRIKA.

- 3 matskedar extra virgin olivolja
- 1 kilo mald bison
- ½ kopp hackad lök (1 medium)
- 2 pressade vitlöksklyftor
- 2 14,5-ounce burkar utan salttillsatta tärnade tomater, odränerade
- 1 6 oz burk osaltad tomatpuré
- 1 kopp köttbensbuljong (se recept) eller nötbuljong utan tillsatt salt
- ½ kopp starkt kaffe
- 2 uns 99% kakao, hackad ströbröd
- 1 matsked paprika
- 1 tsk malen spiskummin
- 1 tsk torkad oregano
- 1½ tsk rökkrydda (se recept)
- ½ tsk mald kanel
- ⅓ kopp pepitas
- 1 tsk olivolja
- ½ dl cashewkräm (se recept)
- 1 tsk färsk citronsaft

½ kopp färska korianderblad

4 skivor lime

1. Värm 3 matskedar olivolja i en kastrull på medelvärme. Tillsätt mald bison, lök och vitlök; koka i ca 5 minuter eller tills köttet fått färg, rör om med en träslev för att bryta upp köttet. Tillsätt odränerade tomater, tomatpuré, nötbensbuljong, kaffe, bakchoklad, paprika, spiskummin, oregano, 1 tsk rökkrydda och kanel. Vattenkokare; Sänk värmen. Sjud under lock i 1 timme, rör om då och då.

2. Under tiden, i en liten panna, rosta pepitorna i 1 tsk olivolja på medelvärme tills de börjar poppa och få färg. Placera pumpafrön i en liten skål; tillsätt återstående ½ tesked rökt krydda; kasta i en jacka.

3. Blanda cashewgrädde och limejuice i en liten skål.

4. För att servera, slev chili i skålar. Toppings cashewkräm, pepitas och koriander. Servera med limeklyftor.

MAROCKANSKA KRYDDADE BISONBIFFAR MED GRILLADE CITRONER

LÄXA:Grillad i 10 minuter: 10 minuter Utbyte: 4 portioner

SERVERA DESSA SNABBBIFFARMED FRÄSCH OCH KRISPIG MOROTSSALLAD MED KRYDDOR (SERECEPT). OM DU VILL HA EN GODBIT, GRILLAD ANANAS MED KOKOSGRÄDDE (SERECEPT) SKULLE VARA ETT BRA SÄTT ATT AVSLUTA MÅLTIDEN.

- 2 msk mald kanel
- 2 matskedar paprika
- 1 matsked vitlökspulver
- ¼ tesked cayennepeppar
- 4 6-ounce bison filet mignon biffar, skär ¾ till 1 tum tjocka
- 2 citroner, halverade horisontellt

1. Blanda kanel, paprika, vitlökspulver och cayennepeppar i en liten skål. Torka biffarna med hushållspapper. Gnid in båda sidorna av filéerna med kryddblandningen.

2. För en kol- eller gasolgrill, lägg biffarna direkt på grillen på medelvärme. Täck över och grilla i 10-12 minuter på medelvärme (145°F) eller 12-15 minuter på medelvärme (155°F), vänd en gång halvvägs. Lägg under tiden citronhalvorna med skurna sidan nedåt på ett galler. Grilla i 2-3 minuter eller tills de är lätt förkolnade och saftiga.

3. Servera med grillade citronhalvor att pressa över biffarna.

BISONSTEK GNIDAD MED HERBES DE PROVENCE

LÄXA: 15 minuters tillagning: 15 minuters bakning: 1 timme 15 minuter vila: 15 minuter Utbyte: 4 portioner

HERBES DE PROVENCE ÄR EN BLANDNINGTORKADE ÖRTER SOM VÄXER I ÖVERFLÖD I SÖDRA FRANKRIKE. BLANDNINGEN INNEHÅLLER VANLIGTVIS EN KOMBINATION AV BASILIKA, FÄNKÅLSFRÖN, LAVENDEL, MEJRAM, ROSMARIN, SALVIA, KRYDDIG OCH TIMJAN. DET SMAKAR FANTASTISKT MED DENNA MYCKET AMERIKANSKA GRYTSTEK.

1 3 kilo rostad bisonfilé

3 matskedar Provence örter

4 matskedar extra virgin olivolja

3 pressade vitlöksklyftor

4 små palsternacka, skalade och hackade

2 mogna päron, skalade och hackade

½ kopp osötad päronnektar

1-2 tsk färsk timjan

1. Värm ugnen till 375° F. Putsa av stekfettet. I en liten skål, kombinera Herbes de Provence, 2 matskedar olivolja och vitlök; gnugga över hela steken.

2. Lägg steken på gallret i en grund långpanna. Placera ugnstermometern i mitten av steken. * Grädda utan lock i 15 minuter. Sänk ugnstemperaturen till 300 ° F. Grädda i ytterligare 60 till 65 minuter eller tills en

köttermometer visar 140 ° F (medium rare). Täck med aluminiumfolie och låt stå i 15 minuter.

3. Värm under tiden de återstående 2 msk olivolja i en stor stekpanna på medelvärme. Tillsätt palsternacka och päron; koka i 10 minuter eller tills palsternackan är knaprig och mjuk, rör om då och då. Lägg till päron nektar; koka i ca 5 minuter eller tills såsen har tjocknat något. Strö över timjan.

4. Skär steken i tunna skivor efter kornet. Servera köttet med palsternacka och päron.

*Tips: bison är mycket magert och tillagas snabbare än nötkött. Färgen på köttet är också rödare än köttet, så du kan inte lita på en visuell signal om att det är färdigt. Du behöver en kötttermometer för att veta när köttet är färdigt. En ugnstermometer är idealisk, men inte nödvändigt.

KAFFEBRÄSERAD BISONREVBEN MED MANDARINGREMOLATA OCH ROTSELLERIPURÉ

LÄXA:Tillagningstid: 15 minuter: 2 timmar 45 minuter
Utbyte: 6 portioner

BISON REVBEN ÄR STORA OCH KÖTTIGA.DE KRÄVER EN BRA LÅNGKOK I VÄTSKA FÖR ATT MJUKNA UPP DEM. GREMOLATA GJORD MED MANDARINSKAL FÖRGYLLER SMAKEN AV DENNA REJÄLA MATRÄTT.

MARINAD
  2 koppar vatten
  3 koppar starkt kallt kaffe
  2 koppar färsk mandarinjuice
  2 matskedar färsk rosmarin skuren i strimlor
  1 tsk grovmalen svartpeppar
  4 pund bisonrevben, skär mellan revbenen för att separera

KOKA UPP
  2 matskedar olivolja
  1 tsk svartpeppar
  2 dl hackad lök
  ½ dl hackad schalottenlök
  6 hackade vitlöksklyftor
  1 jalapeñopeppar kärnad och mald (se luta)
  1 kopp starkt kaffe
  1 kopp köttbensbuljong (se recept) eller nötbuljong utan tillsatt salt

¼ kopp Paleo tomatsås (se<u>recept</u>)
2 msk senap i Dijon-stil (se<u>recept</u>)
3 matskedar cidervinäger
Rotselleripuré (se<u>recept</u>, Nedan)
Mandarin Gremolata (se<u>recept</u>, lag)

1. För marinaden, i en stor icke-reaktiv behållare (glas eller rostfritt stål), blanda vatten, kallt kaffe, mandarinjuice, rosmarin och svartpeppar. Lägg i revbenen. Lägg eventuellt en tallrik över revbenen för att hålla dem under vatten. Täck över och ställ i kylen i 4-6 timmar, arrangera om och rör om en gång.

2. Värm gryta till 325° F. Låt revbenen rinna av och kassera marinaden. Torka revbenen med hushållspapper. Värm olivoljan på medelvärme i en stor holländsk ugn. Krydda revbenen med svartpeppar. Stek revbenen i omgångar tills de fått färg på alla sidor, ca 5 minuter per sats. Överför till en stor tallrik.

3. Tillsätt lök, schalottenlök, vitlök och jalapeno i grytan. Sänk värmen till medel, täck över och koka tills grönsakerna är mjuka, rör om då och då, cirka 10 minuter. Tillsätt kaffe och fond; rör om och skrapa upp de brynta bitarna. Tillsätt Paleo Ketchup, Dijon-liknande senap och vinäger. Koka upp. Lägg i revbenen. Täck över och överför till ugnen. Koka tills köttet är mört, cirka 2 timmar och 15 minuter, rör försiktigt och arrangera revbenen en eller två gånger.

4. Överför revbenen till en tallrik; tält med aluminiumfolie för att hålla värmen. Använd en sked

för att ta bort fettet från såsens yta. Koka såsen tills den reducerats till 2 koppar, cirka 5 minuter. Dela rotselleripuré mellan 6 tallrikar; toppa med revbensspjäll och sås. Toppa med Tangerine Gremolata.

Sellerisoppa: I en stor kastrull, kombinera 3 pund sellerirot, skalad och skuren i 1-tums bitar, och 4 koppar kycklingbensbuljong (se<u>recept</u>) eller osaltad kycklingbuljong. Vattenkokare; Sänk värmen. Häll av rotsellerin, reservera buljongen. Lägg tillbaka selleriroten i grytan. Tillsätt 1 msk olivolja och 2 tsk hackad färsk timjan. Mosa rotsellerin genom att mosa potatisen, tillsätt den reserverade buljongen, några matskedar åt gången efter behov, för att uppnå önskad konsistens.

Tangerine Gremolata: I en liten skål, kombinera ½ kopp hackad färsk persilja, 2 matskedar fint rivet mandarin apelsinskal och 2 hackade vitlöksklyftor.

NÖTBENSBULJONG

LÄXA:25 minuters bakning: 1 timmes tillagning: 8 timmar
Utbyte: 8-10 koppar

BENIGA OXSVANSAR GÖR EN MYCKET FYLLIG BULJONGSOM KAN ANVÄNDAS I ALLA RECEPT SOM KRÄVER NÖTBULJONG, ELLER HELT ENKELT AVNJUTAS I EN GRAB-AND-GO-KOPP NÄR SOM HELST PÅ DAGEN. ÄVEN OM OXSVANSAR TIDIGARE KOM FRÅN EN TJUR, KOMMER DE IDAG FRÅN ETT KÖTTDJUR.

5 morötter, hackade

5 stjälkar selleri, grovt hackade

2 gula lökar, oskalade, halverade

8 oz vita svampar

1 vitlöksklyfta, oskalad, halverad

2 kilo oxsvans eller nötköttsben

2 tomater

12 koppar kallt vatten

3 lagerblad

1. Värm ugnen till 400 ° F. Placera morötter, selleri, lök, svamp och vitlök på en stor kantad bakplåt eller ytlig bakplåt. lägg benen ovanpå grönsakerna. Bearbeta tomaterna i en matberedare tills de är jämna. Fördela tomaterna över benen så att de täcks (det är okej om en del av purén droppar på pannan och på grönsakerna). Grilla i 1-1½ timme eller tills benen fått färg och grönsakerna är karamelliserade. Överför benen och grönsakerna till en 10-12 liters gryta eller

holländsk ugn. (Om en del av tomatblandningen karamelliseras på botten av pannan, tillsätt 1 kopp varmt vatten i pannan och skrapa upp bitarna. Häll vätskan över benen och grönsakerna och minska mängden vatten med 1 kopp.) .

2. Koka långsamt upp blandningen på medelhög till hög värme. Minska brand; täck och sjud buljongen i 8-10 timmar, rör om då och då.

3. Sila av buljongen; kassera ben och grönsaker. färsk buljong; överför buljong till förvaringsbehållare och kyl i upp till 5 dagar; frys upp till 3 månader. *

Slow Cooker-instruktioner: I en 6- till 8-quarts slow cooker, använd 1 pund nötköttsben, 3 morötter, 3 stjälkar selleri, 1 gul lök och 1 vitlöksklyfta. Puré 1 tomat och gnid den på benen. Grilla enligt instruktionerna och överför sedan benen och grönsakerna till långsamkokaren. Skopa ur alla karamelliserade tomater enligt anvisningarna och lägg i långsamkokaren. Tillsätt tillräckligt med vatten för att täcka. Täck över och koka på hög tills fonden börjar koka, ca 4 timmar. Sänk till låg värme; koka i 12-24 timmar. Sila buljongen; kassera ben och grönsaker. Förvara enligt anvisningarna.

*Tips: Ta lätt bort fettet från buljongen och förvara i en täckt behållare i kylen över natten. Fettet stiger upp till ytan och bildar ett fast lager som är lätt att skrapa bort. Buljongen kan tjockna efter kylning.

TUNISISK KRYDDAD FLÄSKAXEL MED KRYDDIG POTATIS

LÄXA:Grädda i 25 minuter: Grädda i 4 timmar: 30 minuter
Utbyte: 4 portioner

DET HÄR ÄR EN FANTASTISK MATRÄTT ATT GÖRAEN SVAL HÖSTDAG. KÖTTET STEKS I TIMMAR I UGNEN, VILKET GÖR ATT DITT HEM DOFTAR UNDERBART OCH GER TID FÖR ANNAT ATT GÖRA. BAKAD SÖTPOTATIS HAR INTE SAMMA KRISPIGHET SOM VIT POTATIS, MEN DEN ÄR GOD PÅ SITT SÄTT, SPECIELLT NÄR DEN DOPPAS I VITLÖKSMAJONNÄS.

FLÄSK
- 1 2½-3 kg benstekt fläsk
- 2 tsk malda ancho chili
- 2 tsk malen spiskummin
- 1 tsk spiskummin, lätt krossade
- 1 tsk mald koriander
- ½ tsk mald gurkmeja
- ¼ tesked mald kanel
- 3 matskedar olivolja

POTATIS CHIPS
- 4 medelstora sötpotatisar (ca 2 pund), skalade och skurna i ½ tum tjocka skivor
- ½ tsk krossad röd paprika
- ½ tsk lökpulver
- ½ tsk vitlökspulver
- Olivolja
- 1 lök, fint skivad

Paleo Aïoli (Vitlöksmajonnäs) (se<u>recept</u>)

1. Värm ugnen till 300° F. Skär bort fett från kött. I en liten skål, kombinera mald anchochili, mald spiskummin, spiskummin, koriander, gurkmeja och kanel. Strö köttet med kryddblandningen; Gnid in köttet jämnt med fingrarna.

2. Värm 1 msk olivolja i en 5-6 liters ugnssäker gryta på medelhög värme. Bryn fläsket i het olja på alla sidor. Täck och stek i cirka 4 timmar eller tills köttet är mört och kötttermometern visar 190 ° F. Ta bort den holländska ugnen från ugnen. Låt stå övertäckt medan du förbereder sötpotatisfritesen och löken. Reservera 1 matsked fett för holländsk ugn.

3. Öka ugnstemperaturen till 400° F. För sötpotatisfrites, kombinera sötpotatis, återstående 2 matskedar olivolja, krossad röd paprika, lökpulver och vitlökspulver i en stor skål; kasta i en jacka. Klä en stor eller två små bakplåtar med folie; pensla med mer olivolja. Ordna sötpotatisen i ett enda lager på den förberedda brickan. Grädda i cirka 30 minuter eller tills de är mjuka, vänd sötpotatisen halvvägs genom tillagningen.

4. Ta under tiden bort köttet från den holländska ugnen; Täck med aluminiumfolie för att hålla värmen. Häll av fettet, spara 1 matsked fett. Återgå det reserverade fettet till den holländska ugnen. Tillsätt lök; koka på medelvärme i cirka 5 minuter eller tills de mjuknat, rör om då och då.

5. Lägg över fläsket och löken till ett serveringsfat. Skär fläsket i stora bitar med två gafflar. Servera fläsk och potatis med Paleo Aïoli.

KUBANSK GRILLAD FLÄSKAXEL

LÄXA:15 minuter Marinering: 24 timmar Grillning: 2 timmar 30 minuter Vila: 10 minuter Utbyte: 6-8 portioner

KÄND SOM "LECHÓN ASADO" I SITT URSPRUNGSLAND,DENNA FLÄSKSTEK ÄR MARINERAD I EN KOMBINATION AV FÄRSK CITRUSJUICE, KRYDDOR, KROSSAD RÖD PAPRIKA OCH HELHACKAD VITLÖK. KOKA DEN ÖVER GLÖDANDE KOL EFTER ATT DEN HAR LAGTS I BLÖT ÖVER NATTEN I MARINADEN GER DEN EN FANTASTISK SMAK.

1 vitlöksklyfta, separerad, skalad och finhackad
1 dl grovhackad lök
1 kopp olivolja
1⅓ kopp färsk citronsaft
⅔ kopp färsk apelsinjuice
1 msk mald spiskummin
1 msk torkad oregano, krossad
2 tsk nymalen svartpeppar
1 tsk krossad röd paprika
1 4-5 kilo benfri stekt fläskaxel

1. För marinaden, separera vitlökshuvudena i kryddnejlika. Skala och hacka kryddnejlika; lägg i en stor skål. Tillsätt lök, olivolja, limejuice, apelsinjuice, spiskummin, oregano, svartpeppar och krossad röd paprika. Blanda väl och reservera.

2. Med en skalkniv sticker du djupt i fläsket på alla sidor. Sänk försiktigt ner steken i marinaden, sänk ner den

så mycket som möjligt i vätskan. Täck skålen tätt med plastfolie. Marinera i kylen i 24 timmar, vänd en gång.

3. Ta bort fläsket från marinaden. Häll marinaden i en medelstor kastrull. Vattenkokare; koka i 5 minuter. Ta bort från värmen och låt svalna. Avsätta.

4. Till kolgrillen placerar du kolen på medelvärme runt dropppannan. Prova i en panna på medelvärme. Lägg köttet på grillgallret över dropppannan. Täck över och grilla i 2½ till 3 timmar eller tills en termometer insatt i mitten av steken visar 140°F. (I en gasolgrill, förvärm grillen. Sänk värmen till medelhög nivå. Ställ in tillstekt. Lägg köttet på grillgallret med en eldfast brännare. Täck över och grilla enligt instruktionerna.) Ta bort köttet från grillen. grill. Täck löst med folie och låt vila 10 minuter innan du skär eller slänger.

KRYDDAD ITALIENSK FLÄSKSTEK MED GRÖNSAKER

LÄXA:20 minuter stekning: 2 timmar 25 minuter vila: 10 minuter Utbyte: 8 portioner

"FRÄSCH ÄR BÄST" ÄR ETT BRA MANTRAATT FÖLJA NÄR DET KOMMER TILL MATLAGNING FÖR DET MESTA. TORKADE ÖRTER FUNGERAR DOCK UTMÄRKT SOM PÅLÄGG PÅ KÖTT. NÄR ÖRTERNA TORKAR BLIR DERAS SMAKER KONCENTRERADE. NÄR DE KOMMER I KONTAKT MED KÖTTETS FUKT SLÄPPER DE SIN SMAK I KÖTTET, SOM I DENNA ITALIENSKA STEK KRYDDAD MED PERSILJA, FÄNKÅL, OREGANO, VITLÖK OCH HET, KNÄCKT RÖD PAPRIKA.

2 matskedar torkad persilja, mald

2 msk fänkålsfrön, krossade

4 tsk torkad oregano, krossad

1 tsk nymalen svartpeppar

½ tsk krossad röd paprika

4 vitlöksklyftor, hackade

1 4 kg fläskaxel med ben

1-2 matskedar olivolja

1¼ koppar vatten

2 medelstora lökar, skalade och skivade

1 stor fänkålslök, putsad, urkärnad och skivad

2 kilo brysselkål

1. Värm ugnen till 325° F. I en liten skål, kombinera persilja, fänkålsfrön, oregano, svartpeppar, krossad röd paprika och vitlök; Lägg åtsidan. Ta bort fläsket

om det behövs. Putsa fettet från köttet. Gnid in köttet på alla sidor med kryddblandningen. Baka igen för att hålla ihop om så önskas.

2. Värm oljan i en holländsk ugn på medelhög värme. Bryn köttet i het olja på alla sidor. Häll av fettet. Häll vatten i den holländska ugnen runt steken. Rosta utan lock i 1 ½ timme. Ordna lök och fänkål runt fläskköttet. Täck över och grädda i ytterligare 30 minuter.

3. Skär under tiden stjälkarna från brysselkålen och ta bort de vissna ytterbladen. Skär brysselkålen på mitten. Lägg brysselkålen i den holländska ugnen, lägg i lager ovanpå de andra grönsakerna. Täck över och grilla i ytterligare 30-35 minuter eller tills grönsakerna och köttet är genomstekta. Lägg över köttet på en serveringsfat och täck med folie. Låt vila 15 minuter innan du skär. Häll av grönsakerna med pannsaften så att de täcker. Lägg grönsakerna på ett serveringsfat eller skål med hålslev; lock för att hålla sig varm.

4. Ta bort fettet från pannsaften med en stor sked. Häll resten av pannsaften genom en sil. Skär fläsket, ta bort benet. Servera köttet med grönsaker och pannsaft.

SLOW COOKER PORK MOLE

LÄXA: 20 minuters långsam tillagning: 8-10 timmar (låg) eller 4-5 timmar (hög) Utbyte: 8 portioner

MED SPISKUMMIN, KORIANDER, OREGANO, TOMATER, MANDEL, RUSSIN, CHILI OCH CHOKLAD, DENNA RIKA OCH SYRLIGA SÅS HAR MYCKET ATT GÖRA, PÅ ETT BRA SÄTT. DET ÄR EN IDEALISK MÅLTID ATT BÖRJA PÅ MORGONEN INNAN DU BÖRJAR DAGEN. NÄR DU KOMMER HEM ÄR MIDDAGEN NÄSTAN KLAR OCH DITT HUS DOFTAR FANTASTISKT.

1 3 kilo benfri stekt fläskaxel
1 dl lök, grovt hackad
3 vitlöksklyftor, skivade
1½ dl köttbensbuljong (se recept), kycklingbensbuljong (se recept), eller osaltad kyckling- eller nötbuljong
1 msk mald spiskummin
1 msk mald koriander
2 tsk torkad oregano, krossad
1 15-ounce burk smör osaltade tärnade tomater, avrunna
1 6 oz kan inte lägga till salt tomatpuré
½ kopp skivad mandel, rostad (se luta)
¼ kopp osavlade russin eller gyllene vinbär
2 uns osötad choklad (som Scharffen Berger 99% Cocoa Bar), grovt hackad
1 torkad ancho eller Chipotle chili
2 4-tums kanelstänger
¼ kopp färsk koriander, hackad

1 avokado, skalad, kärnad och tunt skivad

1 lime, skuren i skivor

⅓ kopp osaltade rostade gröna pumpafrön (valfritt) (se<u>luta</u>)

1. Putsa fettet från fläsket. Skär eventuellt köttet så att det får plats i en 5-6 liters slow cooker; Lägg åtsidan.

2. Blanda lök och vitlök i en långsamkokare. Kombinera nötbuljong, spiskummin, koriander och oregano i en 2-kopps glasmätkopp; häll i grytan. Tillsätt tärnade tomater, tomatpuré, mandel, russin, choklad, torkad chili och kanelstänger. Lägg köttet i grytan. Häll lite tomatblandning ovanpå. Täck över och koka på låg i 8-10 timmar eller på hög i 4-5 timmar eller tills fläsket är mört.

3. Överför fläsket till en skärbräda; att svalna något. Riv köttet i bitar med två gafflar. Täck köttet med aluminiumfolie och förvara.

4. Ta bort och kassera den torkade chilin och kanelstängerna. Ta bort fettet från tomatblandningen med en stor sked. Överför tomatblandningen till en mixer eller matberedare. Täck över och blanda eller bearbeta tills nästan slät. Lägg tillbaka pulled pork och såsen i långsamkokaren. Håll varm på låg värme tills den ska serveras, inte mer än 2 timmar.

5. Tillsätt koriander precis innan servering. Servera mullvaden i skålar och garnera med avokadoskivor, limeskivor och om så önskas pumpafrön.

FLÄSK- OCH PUMPAGRYTA MED SPISKUMMIN

LÄXA:30 minuters tillagning: 1 timme Utbyte: 4 portioner

SENAPSGRÖNT MED PEPPAR OCH PUMPASAPTILLFÖR LIVFULL FÄRG OCH MASSOR AV VITAMINER, FIBRER OCH FOLSYRA TILL DENNA GRYTA KRYDDAD MED ÖSTEUROPEISKA KRYDDOR.

1 1¼ till 1½ kilo rostad fläskaxel

1 matsked paprika

1 msk spiskummin, fint krossade

2 tsk torr senap

¼ tesked cayennepeppar

2 matskedar raffinerad kokosolja

8 uns tunt skivade färska svampar

2 stjälkar selleri, skära på tvären i 1-tums skivor

1 liten rödlök, tunt skivad

6 hackade vitlöksklyftor

5 koppar kycklingbensbuljong (se recept) eller kycklingbuljong utan tillsatt salt

2 dl skalad och tärnad pumpa

3 dl grovhackad senapsgrönt eller senapsgrönt

2 matskedar färsk salvia skuren i strimlor

¼ kopp färsk citronsaft

1. Putsa fettet från fläsket. Skär fläsk i 1½-tums kuber; lägg i en stor skål. Blanda paprika, spiskummin, torkad senap och cayennepeppar i en liten skål. Strö över fläsket, blanda tills det är slätt.

2. Hetta upp kokosoljan i en 4-5 liters gryta på medelvärme. Tillsätt hälften av köttet; koka tills det är brunt, rör om då och då. Ta bort köttet från pannan. Upprepa med resten av köttet. Reservera köttet.

3. Lägg till svamp, selleri, rödlök och vitlök i den holländska ugnen. Koka i 5 minuter, rör om då och då. Sätt tillbaka köttet i den holländska ugnen. Tillsätt försiktigt kycklingbensbuljongen. Vattenkokare; Sänk värmen. Täck över och koka på låg värme i 45 minuter. Tillsätt pumpa. Täck över och låt sjuda i ytterligare 10-15 minuter eller tills fläsket och squashen är genomstekt. Tillsätt senapsgrönsaker och salvia. Koka i 2-3 minuter eller tills grönsakerna är mjuka. Tillsätt citronsaft.

TOPP RYGGBIFF FYLLD MED FRUKT MED KONJAKSÅS

LÄXA:30 minuters tillagning: 10 minuters bakning: 1 timme och 15 minuters vila: 15 minuter Utbyte: 8-10 portioner

DENNA SNYGGA STEK ÄR PERFEKTETT SPECIELLT TILLFÄLLE ELLER FAMILJEFEST, SÄRSKILT PÅ HÖSTEN. DESS SMAKER (ÄPPLEN, MUSKOTNÖT, TORKAD FRUKT OCH NÖTTER) FÅNGAR ESSENSEN AV DEN SÄSONGEN. SERVERA MED POTATISMOS OCH ROSTAD RÖDBETSSALLAD (SE<u>RECEPT</u>).

STEKA
- 1 matsked olivolja
- 2 koppar skalade och hackade Granny Smith-äpplen (cirka 2 medelstora)
- 1 finhackad schalottenlök
- 1 msk färsk timjan skuren i strimlor
- ¾ tsk nymalen svartpeppar
- ⅛ tesked mald muskotnöt
- ½ kopp hackade svavelfria torkade aprikoser
- ¼ kopp hackade valnötter, rostade (se<u>luta</u>)
- 1 kopp kycklingbensbuljong (se<u>recept</u>) eller kycklingbuljong utan tillsatt salt
- 1 3 kg benfri fläskhuvudstek fläskfilé (enkel filé)

KONJAKSÅS
- 2 matskedar äppelcider
- 2 msk konjak
- 1 tsk senap i Dijon-stil (se<u>recept</u>)

nymalen svartpeppar

1. Till fyllningen, värm olivolja i en stor panna på medelvärme. Tillsätt äpplena, schalottenlök, timjan, ¼ tesked peppar och muskotnöt; koka 2 till 4 minuter eller tills äpplen och schalottenlök är mjuka och lätt brynt, rör om då och då. Tillsätt aprikoser, valnötter och 1 msk buljong. Koka utan lock i 1 minut för att mjuka upp aprikoserna. Ta bort från värmen och ställ åt sidan.

2. Värm ugnen till 325° F. Skiva fläsksteken genom att skära ner i mitten av steken på längden och skära ½ tum från ena sidan. Bred ut steken öppen. Sätt in kniven i V-snittet horisontellt på ena sidan av V-snittet och skär ½ tum från sidan. Upprepa på andra sidan av V. Bred ut steken och täck med plastfolie. Arbeta från mitten till kanterna, slå steken med en köttklubba tills den är cirka ¾ tum tjock. Ta bort och kassera plastfolien. Bred ut fyllningen ovanpå steken. Börja från kortsidan, vrid steken till en spiral. Knyt med 100 % köksgarn i bomull på flera ställen för att hålla ihop steken. Strö över steken med resterande ½ tsk peppar.

3. Lägg steken på gallret i en ytlig långpanna. Placera ugnstermometern i mitten av steken (inte fyllningen). Grädda utan lock i 1 timme 15 minuter till 1 timme 30 minuter eller tills en termometer visar 145 ° F. Ta bort steken och täck löst med folie; låt vila 15 minuter innan du skär.

4. Under tiden, för konjaksåsen, vispa ner resterande fond och äppelcider i fettet i stekpannan och skrapa upp de brynta bitarna. Sila av fettet i en medelstor kastrull. Vattenkokare; koka i ca 4 minuter eller tills såsen har reducerats med en tredjedel. Tillsätt konjak och senap i Dijon-stil. Smaka av med mer peppar. Servera såsen till fläsket.

STEKT FLÄSK I PORCHETTA-STIL

LÄXA:15 minuter Marinering: Vila över natten: 40 minuter Rostning: 1 timme Utbyte: 6 portioner

ITALIENSK TRADITIONELL PORCHETTA(IBLAND STAVAT PORKETTA PÅ AMERIKANSK ENGELSKA) ÄR EN BENFRI GRIS FYLLD MED VITLÖK, FÄNKÅL, PEPPAR OCH ÖRTER SOM SALVIA ELLER ROSMARIN, SOM SEDAN PLACERAS PÅ ETT SPETT OCH GRILLAS ÖVER VED. DET ÄR OCKSÅ VANLIGTVIS VÄLDIGT SALT. DENNA PALEOVERSION ÄR FÖRENKLAD OCH MYCKET VÄLSMAKANDE. BYT UT SALVIAN MOT FÄRSK ROSMARIN OM DU VILL, ELLER ANVÄND EN BLANDNING AV DE TVÅ ÖRTERNA.

- 1 2-3 kilo benfri stekt fläskfilé
- 2 msk fänkålsfrön
- 1 tsk svartpeppar
- ½ tsk krossad röd paprika
- 6 hackade vitlöksklyftor
- 1 msk finrivet apelsinskal
- 1 msk färsk salvia skuren i strimlor
- 3 matskedar olivolja
- ½ dl torrt vitt vin
- ½ kopp kycklingbensbuljong (se recept) eller kycklingbuljong utan tillsatt salt

1. Ta ut fläsket ur kylen; Låt stå i rumstemperatur i 30 minuter. Under tiden, i en liten stekpanna, rosta fänkålsfröna på medelhög värme, rör om ofta, i cirka 3 minuter eller tills de är mörka i färgen och doftar;

kall. Överför till en ren kryddkvarn eller kaffekvarn. Tillsätt paprikan och krossad röd paprika. Mal till medelfint. (Slipa inte till pulver.)

2. Värm ugnen till 325 ° F. I en liten skål, kombinera de malda kryddorna, vitlöken, apelsinskalet, salvia och olivolja till en pasta. Lägg fläsket på gallret i en liten ugnsform. Gnid blandningen över hela fläsket. (Om så önskas, lägg kryddat fläsk i en 9 x 13 x 2-tums ugnsform i glas. Täck med plastfolie och kyl över natten för att marinera. Överför köttet till en stekpanna före tillagning och låt stå i rumstemperatur i 30 minuter innan tillagning..)

3. Stek fläsket i 1 till 1½ timme eller tills en termometer som satts in i mitten av steken visar 145° F. Överför steken till en skärbräda och täck löst med aluminiumfolie. Låt stå 10-15 minuter innan du skär.

4. Häll under tiden saften från grytan i ett glasmått. Trimma fettet från toppen; Lägg åtsidan. Ställ stekpannan på spisens brännare. Häll vin och kycklingbensbuljong i pannan. Koka upp på medelhög värme, rör om för att bryta upp eventuella bruna bitar. Koka i cirka 4 minuter eller tills blandningen har avdunstat något. Rör i de reserverade panjuicerna; Tryck. Skär fläsket i skivor och servera med såsen.

STUVAD FLÄSKFILÉ MED TOMATILLO

LÄXA:40 minuter att baka: 10 minuter att baka: 20 minuter att baka: 40 minuter att stå: 10 minuter: för 6 - 8 portioner

TOMATILLOS HAR EN SLISKIG, OSTLIKNANDE BELÄGGNINGUNDER DERAS PAPPERSSKINN. EFTER ATT DU TAGIT BORT SKALEN, SKÖLJ DEM SNABBT UNDER RINNANDE VATTEN OCH DE ÄR REDO ATT ANVÄNDAS.

1 pund tomatillos, skalade, deveirade och sköljda
4 serrano paprika, stjälkar, frön och halverade (se_luta_)
2 jalapeños, stjälkar, frön och halverade (se_luta_)
1 stor gul paprika, stjälkar, frön och skär i hälften
1 stor apelsin paprika, stjälkar, frön och skär i hälften
2 matskedar olivolja
1 2-2½ kilo benfri stekt fläskfilé
1 stor gul lök, skalad, halverad och tunt skivad
4 vitlöksklyftor, hackade
¾ kopp vatten
¼ kopp färsk limejuice
¼ kopp färsk koriander, hackad

1. Värm grillen till hög värme. Klä en bakplåt med aluminiumfolie. Ordna tomatillos, serrano-peppar, jalapeños och paprika på den förberedda bakplåten. Grilla grönsaker 4 tum från värme tills de är väl förkolnade, vänd tomatillos då och då och ta bort grönsaker när de är förkolnade, 10 till 15 minuter. Lägg serranos, jalapeños och tomatillos i en skål. Lägg paprikorna på en tallrik. Ställ grönsakerna åt sidan för att svalna.

2. Värm oljan i en stor stekpanna på medelhög värme tills den blir glansig. Klappa fläsket torrt med rena hushållspapper och lägg i pannan. Stek tills den fått fin färg på alla sidor och vänd steken jämnt. Överför steken till ett fat. Sänk värmen till medium. Lägg lök i pannan; koka och rör om i 5-6 minuter eller tills de är gyllenbruna. Tillsätt vitlök; stek i 1 minut till. Ta stekpannan från värmen.

3. Värm ugnen till 350 ° F. För tomatillosås, kombinera tomatillos, serranos och jalapeños i en matberedare eller mixer. Täck över och rör om eller bearbeta tills det är slätt; lägg till löken i pannan. Hetta upp stekpannan igen. Vattenkokare; koka i 4-5 minuter eller tills blandningen är mörk och tjock. Tillsätt vatten, citronsaft och koriander.

4. Fördela tomatillosåsen i en ytlig stekpanna eller en 3-quarts rektangulär ugnsform. Lägg fläsket i såsen. Täck väl med aluminiumfolie. Grädda i 40-45 minuter eller tills en termometer som satts in i mitten av stekaren visar 140°F.

5. Skär paprikorna i strimlor. Tillsätt tomatillosåsen i pannan. Förvara löst i folie; låt vila i 10 minuter. Skär köttet; rör ner såsen. Servera det skivade fläsket generöst täckt med tomatsås.

FLÄSKFILÉ FYLLD MED APRIKOS

LÄXA:20 minuter bakning: 45 minuter vila: 5 minuter Utbyte: 2-3 portioner

2 medelstora färska aprikoser, grovt hackade
2 msk svavelfria russin
2 msk hackade valnötter
2 tsk riven färsk ingefära
¼ tesked mald kardemumma
1 12 oz fläskfilé
1 matsked olivolja
1 msk senap i Dijon-stil (se recept)
¼ tsk svartpeppar

1. Värm ugnen till 375° F. Klä en bakplåt med aluminiumfolie; placera gallret på bakplåten.

2. Blanda aprikoser, russin, valnötter, ingefära och kardemumma i en liten skål.

3. Gör en längdskärning av mitten av fläsket, skär ½ tum från ena sidan. fjäril att öppna Lägg fläsket mellan två lager folie. Med den platta sidan av en köttklubba, rulla lätt till ½ tums tjocklek. Vik änden av svansen så att en platt rektangel bildas. Slå köttet lätt till en jämn tjocklek.

4. Fördela aprikosblandningen över fläsket. Börja i den smala änden, rulla fläsket. Knyt med kökssnöre av 100 % bomull först i mitten, sedan med 1 tums mellanrum. Lägg steken på gallret.

5. Blanda olivolja och senap i Dijon-stil; pensla över steken. Strö steken med peppar. Grädda i 45-55 minuter eller tills en termometer som satts in i mitten av stekaren visar 140°F. Låt stå 5-10 minuter innan du skär.

ÖRTBELAGD FLÄSKFILÉ MED KRISPIG VITLÖKSOLJA

LÄXA:15 minuter bakning: 30 minuter tillagning: 8 minuter vila: 5 minuter Utbyte: 6 portioner

⅓ kopp Dijon-liknande senap (se<u>recept</u>)
¼ kopp hackad färsk persilja
2 matskedar färsk timjan skuren i strimlor
1 msk färsk rosmarin skuren i strimlor
½ tsk svartpeppar
2 12 oz fläskfiléer
½ kopp olivolja
¼ kopp finhackad färsk vitlök
¼-1 tsk krossad röd paprika

1. Värm ugnen till 450° F. Klä en bakplåt med aluminiumfolie; placera gallret på bakplåten.

2. Blanda senap, persilja, timjan, rosmarin och svartpeppar till en pasta i en liten skål. Fördela senap-örtblandningen över och runt fläsket. Överför fläsket till grillen för att steka. Sätt in steken i ugnen; lägre temperatur 375 °F. Grädda i 30-35 minuter eller tills en termometer som satts in i mitten av stekaren visar 140°F. Låt stå 5-10 minuter innan du skär.

3. Under tiden, för vitlöksoljan, blanda olivolja och vitlök i en liten kastrull. Koka på låg värme i 8-10 minuter eller tills vitlöken är gyllenbrun och börjar bli knaprig (låt inte vitlöken brännas). Avlägsna från värme; tillsätt krossad röd paprika. Skär fläsket; häll vitlöksolja över skivorna innan servering.

INDISK KRYDDAT FLÄSK MED KOKOSSÅS

FRÅN BÖRJAN TILL SLUT:20 minuters avkastning: 2 portioner

3 teskedar currypulver
2 tsk garam masala utan salt
1 tsk malen spiskummin
1 tsk mald koriander
1 12 oz fläskfilé
1 matsked olivolja
½ kopp vanlig kokosmjölk (som märket Nature's Way)
¼ kopp färsk koriander, hackad
2 msk hackad färsk mynta

1. Blanda i en liten skål 2 tsk currypulver, garam masala, spiskummin och koriander. Skär fläsk i ½-tums tjocka skivor; strö över kryddor. .

2. Hetta upp olivoljan i en stor panna på medelvärme. Lägg fläskskivorna i pannan; koka i 7 minuter, vänd en gång. Ta bort fläsk från pannan; lock för att hålla sig varm. Till såsen, tillsätt kokosmjölken och den återstående teskeden curry i pannan och rör om för att bryta upp bitarna. Koka på låg värme i 2-3 minuter. Tillsätt koriander och mynta. Lägg till fläsk; koka tills den är genomvärmd, häll såsen över fläsk.

FLÄSK SCALOPPINI MED ÄPPLEN OCH KRYDDADE KASTANJER

LÄXA:20 minuters tillagning: 15 minuter Utbyte: 4 portioner

- 2 12 oz fläskfiléer
- 1 matsked lökpulver
- 1 matsked vitlökspulver
- ½ tsk svartpeppar
- 2-4 matskedar olivolja
- 2 Fuji- eller Pink Lady-äpplen, skalade, urkärnade och grovt hackade
- ¼ kopp hackad schalottenlök
- ¾ tesked mald kanel
- ⅛ tesked mald kryddnejlika
- ⅛ tesked mald muskotnöt
- ½ kopp kycklingbensbuljong (se recept) eller kycklingbuljong utan tillsatt salt
- 2 matskedar färsk citronsaft
- ½ kopp rostade skalade kastanjer, hackade* eller hackade valnötter
- 1 msk färsk salvia skuren i strimlor

1. Skär filén i en halv tum tjocka skivor. Lägg fläskskivorna mellan två ark plastfolie. Mosa med den platta sidan av en köttklubba tills den är slät. Strö lökpulver, vitlökspulver och svartpeppar på skivorna.

2. Värm 2 matskedar olivolja i en stor stekpanna på medelvärme. Koka fläsket i omgångar i 3-4 minuter,

vänd en gång och tillsätt mer olja om det behövs. Överför fläsk till en tallrik; täck och håll varmt.

3. Öka värmen till medelhög. Tillsätt äpplen, schalottenlök, kanel, kryddnejlika och muskotnöt. Koka upp och rör om i 3 minuter. Tillsätt kycklingbensbuljong och citronsaft. Täck över och koka i 5 minuter. Avlägsna från värme; tillsätt kastanjer och salvia. Servera äppelblandningen över fläsket.

*Obs: För att rosta kastanjerna, förvärm ugnen till 400° F. Skär ett X på ena sidan av kastanjskalet. Detta gör att skorpan lossnar under tillagningen. Lägg kastanjerna på en plåt och grädda i 30 minuter eller tills skalet lossnar från nötterna och nötterna är mjuka. Slå in de rostade kastanjerna i en ren kökshandduk. Skala det gulvita skalet på valnöten och skala.

WOKAD FLÄSKFAJITAS

LÄXA:Tillagningstid: 20 minuter: 22 minuter Utbyte: 4 portioner

1 pund fläskfilé, skuren i 2-tums remsor
3 msk osaltad fajitakrydda eller mexikansk krydda (se recept)
2 matskedar olivolja
1 liten lök, fint skivad
½ röd paprika, kärnad och tunt skivad
½ söt apelsin paprika, kärnad och tunt skivad
1 jalapeño, urkärnad och tunt skivad (se luta) (Valfritt)
½ tsk spiskummin
1 kopp tunt skivad färsk svamp
3 matskedar färsk citronsaft
½ kopp färsk koriander, skuren i strimlor
1 avokado, kärnad, skalad och tärnad
Önskad sås (se recept)

1. Strö 2 msk fajitakrydda på fläsket. I en mycket stor stekpanna, värm 1 matsked olja på medelvärme. Tillsätt hälften av fläsket; koka och rör om i ca 5 minuter eller tills den inte längre är rosa. Lägg över köttet i en skål och täck för att hålla det varmt. Upprepa med resterande olja och fläsk.

2. Vänd värmen till medel. Tillsätt resterande 1 msk fajitakrydda, lök, paprika, jalapeno och spiskummin. Koka och rör om i cirka 10 minuter eller tills grönsakerna är kokta. Häll tillbaka allt kött och ackumulerad juice i pannan. Tillsätt svamp och

citronsaft. Koka tills den är helt uppvärmd. Ta bort stekpanna från värmen; tillsätt koriander. Servera med avokado och önskad sås.

FLÄSKFILÉ MED PORTVIN OCH PLOMMON

LÄXA:10 minuters stekning: 12 minuters vila: 5 minuter
Utbyte: 4 portioner

PORT ÄR ETT GENERÖST VIN, VILKET INNEBÄR ATT EN SPRIT SOM COGNAC TILLSÄTTS FÖR ATT STOPPA JÄSNINGSPROCESSEN. DET GÖR ATT DET INNEHÅLLER MER RESTSOCKER ÄN RÖTT BORDSVIN OCH HAR DÄRMED EN SÖTARE SMAK. MAN VILL INTE DRICKA DET VARJE DAG, MEN LITE MATLAGNING DÅ OCH DÅ ÄR BRA.

2 12 oz fläskfiléer

2½ tsk mald koriander

¼ tsk svartpeppar

2 matskedar olivolja

1 schalottenlök, skivad

½ dl portvin

½ kopp kycklingbensbuljong (se recept) eller kycklingbuljong utan tillsatt salt

20 torkade urkärnade plommon (katrinplommon)

½ tsk krossad röd paprika

2 tsk färsk dragon skuren i strimlor

1. Värm ugnen till 400° F. Strö fläsk med 2 teskedar koriander och svartpeppar.

2. Hetta upp olivoljan i en stor ugnssäker panna på medelvärme. Lägg i filén i pannan. Stek tills de fått färg på alla sidor, vänd jämnt brunt, cirka 8 minuter. Sätt pannan i ugnen. Grilla utan lock i cirka 12 minuter eller tills en termometer som satts in i mitten

av steken visar 140 ° F. Överför filén till en skärbräda. Täck löst med folie och låt vila i 5 minuter.

3. Under tiden, för såsen, häll av fettet från pannan, reservera 1 msk. Stek schalottenlöken i det reserverade fettet i en panna på medelvärme i cirka 3 minuter eller tills de är gyllenbruna och mjuka. Tillsätt porten i pannan. Koka upp, rör om för att skrapa upp eventuella brynta bitar. Tillsätt kycklingbensbuljongen, katrinplommon, krossad röd paprika och den återstående ½ tsk koriander. Koka på medelvärme lite, ca 1-2 minuter. Lägg till dragon.

4. Skär fläsket i skivor och servera med plommon och sås.

MOO SHU-STIL FLÄSKKOPPAR OVANPÅ SALLAD OCH SNABBMARINERADE GRÖNSAKER

FRÅN BÖRJAN TILL SLUT:45 minuter gör: 4 portioner

OM DU HAR ÄTIT TRADITIONELL MOO SHU-MATPÅ EN KINESISK RESTAURANG VET DU ATT DET ÄR EN VÄLSMAKANDE KÖTT- OCH GRÖNSAKSFYLLNING SOM ÄTS OVANPÅ TUNNA PANNKAKOR MED EN SÖT PLOMMON- ELLER HOISINSÅS. DENNA LÄTTARE, FRÄSCHARE PALEOVERSION INNEHÅLLER FLÄSK, BOK CHOY OCH SHIITAKESVAMP SAUTERADE MED INGEFÄRA OCH VITLÖK OCH SERVERAS I SALLADSWRAPS MED FÄRSKA INLAGDA GRÖNSAKER.

INLAGDA GRÖNSAKER
　1 kopp julienade morötter
　1 kopp julienned daikonrädisa
　¼ kopp hackad rödlök
　1 kopp osötad äppeljuice
　½ kopp cidervinäger

FLÄSK
　2 matskedar olivolja eller raffinerad kokosolja
　3 ägg, lätt vispade
　8 uns fläskfilé, skuren i 2 x ½ tums remsor
　2 teskedar mald färsk ingefära
　4 vitlöksklyftor, hackade
　2 koppar tunt skivad napakål
　1 kopp tunt skivad shiitakesvamp

¼ kopp tunt skivad lök

8 bostonsallatsblad

1. Blanda snabbmarinerade grönsaker i en stor skål med morötter, daikon och lök. För saltlaken, värm äppeljuice och vinäger i en kastrull tills ångan stiger. Häll saltlake över grönsaker i skål; Täck över och ställ i kylen tills den ska serveras.

2. Värm 1 msk olja i en stor stekpanna på medelhög värme. Vispa äggen lätt med en visp. Lägg ägg i pannan; koka, utan att röra, tills bottnarna stelnat, ca 3 minuter. Vänd försiktigt ägget med en smidig spatel och stek på andra sidan. Ta upp ägget ur pannan och lägg det i en skål.

3. Värm pannan igen; tillsätt resterande 1 matsked olja. Tillsätt fläskstrimlor, ingefära och vitlök. Koka och rör om på medelvärme i cirka 4 minuter eller tills fläsket inte längre är rosa. Tillsätt kål och svamp; koka och rör om i cirka 4 minuter, eller tills kålen vissnat, svampen är mör och fläsket är genomstekt. Ta stekpannan från värmen. Skär det kokta ägget i strimlor. Blanda försiktigt ner äggremsorna och vårlöken i fläskblandningen. Servera med salladsblad och strö marinerade grönsaker ovanpå.

FLÄSKKOTLETTER MED MACADAMIANÖTTER, SALVIA, FIKON OCH SÖTPOTATISPURÉ

LÄXA:15 minuters tillagningstid: 25 minuter Utbyte: 4 portioner

I KOMBINATION MED SÖTPOTATISPURÉ,DESSA SAFTIGA, SALVIATÄCKTA KOTLETTER ÄR DEN PERFEKTA HÖSTMÅLTIDEN OCH GÅR SNABBT IHOP, VILKET GÖR DEM PERFEKTA FÖR EN HEKTISK VECKOKVÄLL.

4 benfria fläskfiléer, skurna 1¼ tum tjocka
3 matskedar färsk salvia skuren i strimlor
¼ tsk svartpeppar
3 matskedar macadamianötolja
2 pund sötpotatis, skalad och skuren i 1-tums bitar
¾ kopp hackade macadamianötter
½ kopp hackade torkade fikon
⅓ kopp köttbensbuljong (se recept) eller nötbuljong utan tillsatt salt
1 msk färsk citronsaft

1. Strö båda sidor av fläskkotletterna med 2 matskedar salvia och peppar; gnugga med fingrarna. Värm 2 matskedar olja på medelvärme i en stor panna. Lägg kotletter i pannan; koka 15-20 minuter eller tills de är mjuka (145°F), vänd en gång halvvägs genom tillagningen. Överför kotletterna till en tallrik; lock för att hålla sig varm.

2. Under tiden, i en stor gryta, blanda sötpotatisen och tillräckligt med vatten för att täcka dem. Vattenkokare; Sänk värmen. Täck över och låt sjuda i 10-15 minuter eller tills potatisen är mjuk. Låt potatisen rinna av. Tillsätt den återstående matskeden macadamiaolja till potatisen och mosa tills den är krämig; hålla varm.

3. Till såsen, tillsätt macadamianötterna i pannan; koka på medelvärme tills de är rostade. Tillsätt torkade fikon och resterande matsked salvia; koka i 30 sekunder. Tillsätt nötbuljongen och citronsaften i pannan och skrapa upp de brynta bitarna under omrörning. Häll såsen över fläskkotletterna och servera med sötpotatismos.

ROSMARIN-LAVENDEL ROSTADE FLÄSKKOTLETTER MED VINDRUVOR OCH ROSTADE VALNÖTTER

LÄXA:Tillagning 10 minuter: Grill 6 minuter: 25 minuter
Utbyte: 4 portioner

ROSTA DRUVORNA MED FLÄSKKOTLETTERNAFÖRHÖJER DESS SMAK OCH SÖTMA. TILLSAMMANS MED SKARPA ROSTADE PEKANNÖTTER OCH ETT STÄNK FÄRSK ROSMARIN ÄR DE ETT UNDERBART TILLSKOTT TILL DESSA REJÄLA KOTLETTER.

2 matskedar färsk rosmarin skuren i strimlor
1 matsked hackad färsk lavendel
½ tsk vitlökspulver
½ tsk svartpeppar
4 fläskfiléer, skurna 1¼ tum tjocka (ca 3 pund)
1 matsked olivolja
1 stor schalottenlök, tunt skivad
1½ koppar röda och/eller gröna kärnfria druvor
½ dl torrt vitt vin
¾ kopp grovhackade valnötter
Färskskuren rosmarin

1. Värm ugnen till 375 ° F. I en liten skål, kombinera 2 matskedar vardera av rosmarin, lavendel, vitlökspulver och peppar. Gnid in örtblandningen jämnt i fläskkotletterna. Hetta upp olivoljan i en mycket stor ugnssäker panna på medelvärme. Lägg kotletter i pannan; koka i 6-8 minuter eller tills de fått

färg på båda sidor. Överför kotletterna till en tallrik; täck med folie.

2. Tillsätt schalottenlöken i pannan. Koka och rör om på medelvärme i 1 minut. Tillsätt vindruvor och vin. Koka i ca 2 minuter till, rör om för att bryta upp alla bruna bitar. Lägg tillbaka fläskkotletterna i pannan. Placera stekpannan i ugnen; grilla 25-30 minuter eller tills kotletterna är genomstekta (145°F).

3. Bred under tiden ut pekannötterna i en grund ugnsform. Lägg till i ugnen med kotletterna. Grilla i cirka 8 minuter eller tills de är rostade, rör om en gång för jämn färgning.

4. Toppa fläskkotletter med vindruvor och rostade pekannötter. Strö färsk rosmarin ovanpå.

FLÄSKKOTLETTER UNDER FIORENTINA MED ROSTAD BROCCOLI RABE

LÄXA:20 minuter grill: 20 minuter marinera: 3 minuter utbyte: 4 portionerBILD

"DÄR FLORENS"BETYDER PRAKTISKT TAGET "I FLORENTINSK STIL". DET HÄR RECEPTET ÄR MODELLERAT EFTER BISTECCA ALLA FIORENTINA, SOM ÄR EN TOSKANSK RIBEYE GRILLAD ÖVER TRÄ MED DE ENKLASTE AV SMAKÄMNEN, VANLIGTVIS BARA OLIVOLJA, SALT, SVARTPEPPAR OCH EN SISTA KLÄM FÄRSK CITRON.

1 kilo broccoli rabe
1 matsked olivolja
4 6- till 8-ounce fläskfiléer med ben, skurna 1½ till 2 tum tjocka
grovmalen svartpeppar
1 citron
4 tunt skivade vitlöksklyftor
2 matskedar färsk rosmarin skuren i strimlor
6 färska salviablad, hackade
1 tsk krossade rödpepparflingor (eller efter smak)
½ kopp olivolja

1. Blanchera broccoli rabe i en stor kastrull med kokande vatten i en minut. Överför omedelbart till en skål med isvatten. När broccolin svalnat, låt den rinna av på en plåt med hushållspapper och torka så mycket som möjligt med extra papper. Ta bort hushållspapper från bakplåten. Ringla broccoli rabe med 1 matsked

olivolja, vänd över för att täcka; ställ åt sidan tills den ska grillas.

2. Strö grovmalen peppar på båda sidor av fläskkotletterna; Lägg åtsidan. Ta bort skalremsorna från citronen med en grönsaksskalare (spara citronen för annan användning). Fördela citronskal, skivad vitlök, rosmarin, salvia och knäckt röd paprika på ett stort fat; Lägg åtsidan.

3. För en kolgrill, flytta det mesta av glöden till ena sidan av gallret och lämna några glöd under den andra sidan av gallret. Bryn kotletterna direkt på kol i 2-3 minuter eller tills en brun skorpa bildas. Vänd på kotletterna och bryn andra sidan i ytterligare 2 minuter. Flytta kotletterna till andra sidan av grillen. Täck över och grilla i 10-15 minuter eller tills den är klar (145°F). (I en gasolgrill, Förvärm grillen; på ena sidan av grillen, sänk värmen till medelhög. Stek bitarna enligt ovan på hög värme. Flytta grillen åt sidan på medelvärme, fortsätt som ovan) .

4. Lägg över kotletterna på en tallrik. Ringla kotletterna med ½ dl olivolja, vänd på båda sidor. Marinera kotletterna i 3-5 minuter före servering och vänd köttet en eller två gånger för att få smakerna av citronskal, vitlök och örter att få till köttet.

5. Medan revbenen vilar grillar du broccoliraben så att den blir lite förkolnad och varm. Lägg upp broccoliraben på en tallrik med fläskkotletterna; sked marinad över varje kotlett och broccoli före servering.

FLÄSKKOTLETTER FYLLDA MED ESCAROLE

LÄXA:Tillagningstid: 20 minuter: 9 minuter Utbyte: 4 portioner

ENDIVE KAN ÄTAS SOM GRÖNSALLAD.ELLER LÄTT STEKT MED VITLÖK I OLIVOLJA FÖR ETT SNABBT TILLBEHÖR. I KOMBINATION MED OLIVOLJA, VITLÖK, SVARTPEPPAR, KROSSAD RÖD PAPRIKA OCH CITRON, BLIR DET EN VACKER LJUSGRÖN TOPPING FÖR SAFTIGA PANNSTEKTA FLÄSKKOTLETTER.

4 6- till 8-ounce fläskkotletter med ben, skurna ¾-tums tjocka

½ medelstor endivi, hackad

4 matskedar olivolja

1 msk färsk citronsaft

¼ tsk svartpeppar

¼ tesked krossad röd paprika

2 stora vitlöksklyftor, hackade

Olivolja

1 msk färsk salvia skuren i strimlor

¼ tsk svartpeppar

⅓ kopp torrt vitt vin

1. Använd en skalkniv och skär en djup ficka ca 2 tum bred på den böjda sidan av varje fläskkotlett. Lägg åtsidan.

2. Blanda endivien, 2 matskedar olivolja, citronsaft, ¼ tsk svartpeppar, krossad röd paprika och vitlök i en stor skål. Fyll varje kotlett med en fjärdedel av

blandningen. Smörj in kotletterna med olivolja. Strö över salvia och ¼ tesked mald svartpeppar.

3. Värm de återstående 2 msk olivolja på medelvärme i en mycket stor stekpanna. Bryn fläsket i 4 minuter på varje sida tills det får färg. Överför kotletterna till en tallrik. Tillsätt vinet i pannan och skrapa upp de brynta bitarna. Reducera panjuicen i 1 minut.

4. Pensla kotletterna med pannsaft innan servering.

RÖKT REVBENSSPJÄLL MED ÄPPEL-SENAP-MOPPSÅS

HANDFAT:1 timmes vila: 15 minuter Rökt: 4 timmar tillagning: 20 minuter Utbyte: 4 portionerBILD

RIK SMAK OCH KÖTTIG KONSISTENS.RÖKT REVBENSSPJÄLL BEHÖVER NÅGOT FRÄSCHT OCH KRISPIGT. NÄSTAN VILKEN SALLAD SOM HELST DUGER, MEN FÄNKÅLSSALLAD (SE<u>RECEPT</u>OCH PÅ BILDEN<u>HÄR</u>), ÄR SÄRSKILT BRA.

REVBEN
- 8-10 bitar äppel- eller valnötsträ
- 3-3½ kilo fläskfilé
- ¼ kopp rökt krydda (se<u>recept</u>)

DOPP
- 1 medelstor aubergine, skalad, kärnad och tunt skivad
- ¼ kopp hackad lök
- ¼ kopp vatten
- ¼ kopp cidervinäger
- 2 msk senap i Dijon-stil (se<u>recept</u>)
- 2-3 matskedar vatten

1. Blötlägg träflisen i minst 1 timme innan tillagning med rök nog att täcka dem. Dränera före användning. Skär bort synligt fett från revbenen. Ta vid behov bort den tunna filmen bakom revbenen. Lägg revbenen i en stor, grund form. Strö jämnt med rökt krydda; gnugga med fingrarna. Låt stå i rumstemperatur i 15 minuter.

2. Lägg de förvärmda kolen, avrunna flisen och vattenpannan i rökaren enligt tillverkarens anvisningar. Häll vattnet i pannan. Lägg revbenen

med bensidan nedåt på ett galler över en kastrull med vatten. (Eller lägg revbenen på gallret; placera revbenen på gallret.) Täck över och rök 2 timmar. Håll en temperatur på cirka 225°F i rökaren under hela rökprocessen. Tillsätt kol och vatten efter behov för att bibehålla temperatur och luftfuktighet.

3. Under tiden, för moppsåsen, kombinera äppelskivor, lök och ¼ kopp vatten i en liten kastrull. Vattenkokare; Sänk värmen. Sjud under lock i 10-12 minuter eller tills äppelskivorna är väldigt mjuka, rör om då och då. Låt den svalna något; överför äpplet och löken odränerad till en matberedare eller mixer. Täck över och bearbeta eller blanda tills det är slätt. Lägg tillbaka purén i grytan. Tillsätt vinäger och senap i Dijon-stil. Koka på medelvärme i 5 minuter, rör om då och då. Tillsätt 2-3 matskedar vatten (eller mer efter behov) för att göra dressingen konsistens som en vinägrett. Dela såsen i tre delar.

4. Efter 2 timmar, pensla revbenen generöst med en tredjedel av moppsåsen. Täck över och rosta i ytterligare 1 timme. Pensla igen med ytterligare en tredjedel av moppsåsen. Slå in varje revben i tjock folie och lämna tillbaka revbenen till rökaren, stapla dem ovanpå varandra om det behövs. Täck över och rosta i ytterligare 1 till 1½ timme eller tills revbenen är mjuka. *

5. Öppna revbenen och pensla dem med den återstående tredjedelen av moppsåsen. Skär revbenen för att servera mellan benen.

*Tips: Testa revbenens ömhet genom att försiktigt ta bort folien från ena revbensplattan. Lyft den räfflade plattan med en tång, håll plattan i den övre fjärdedelen av plattan. Vänd på revbenet så att den köttiga sidan är nedåt. Om revbenen är mjuka ska plattan börja falla isär när du lyfter den. Om den inte är mör, slå tillbaka den i folie och fortsätt röka tills revbenen är klara.

UGNSBAKAD BBQ FLÄSK REVBENSSPJÄLL MED FÄRSK ANANAS SALLAD

LÄXA:Tillagning 20 minuter: Grädda 8 minuter: 1 timme 15 minuter Utbyte: 4 portioner

FLÄSK I LANTLIG STIL ÄR KÖTTIG,BILLIGA OCH RÄTT HANTERADE, SOM TILL EXEMPEL LÅNGSAMT KOKTA OCH PUTTRADE I EN RIK BARBECUESÅS, MJUKNAR DE TILLS DE SMÄLTER.

2 pund benfria lantliga revbensspjäll
¼ tsk svartpeppar
1 matsked raffinerad kokosolja
½ kopp färsk apelsinjuice
1½ dl BBQ-sås (se recept)
3 dl strimlad grönkål och/eller rödkål
1 dl riven morot
2 dl hackad ananas
⅓ kopp ljus citrusvinägrett (se recept)
BBQ-sås (se recept) (Valfritt)

1. Värm ugnen till 350° F. Strö fläsk med peppar. Hetta upp kokosoljan i en mycket stor panna på medelvärme. Lägg till fläsk revben; koka 8 till 10 minuter eller tills de är bruna och jämnt bruna. Lägg revbenen i en 3-quarts rektangulär ugnsform.

2. Till såsen, tillsätt apelsinjuicen i pannan och skrapa upp de brynta bitarna under omrörning. Tillsätt 1½ dl BBQ-sås. Häll såsen över revbenen. Vänd revbenen

med såsen (använd eventuellt en konditorivaror för att fördela såsen över revbenen). Täck ugnsformen väl med aluminiumfolie.

3. Grädda revbenen i 1 timme. Ta bort folien och pensla revbenen med såsen från ugnsformen. Grädda i ytterligare 15 minuter eller tills revbenen är mjuka och gyllenbruna och såsen har tjocknat något.

4. Under tiden, för ananassalladen, blanda kål, morot, ananas och ljus citrusvinägrett. Täck över och kyl till servering.

5. Servera revbenen med sallad och eventuellt BBQ-sås.

KRYDDIG FLÄSKGRYTA

LÄXA:20 minuters tillagningstid: 40 minuter Utbyte: 6 portioner

DENNA GRYTA I UNGERSK STIL SERVERASÖVER EN BÄDD AV KNAPRIG, KNAPPT VISSEN KÅL FÖR EN ENRÄTTERS MÅLTID. KROSSA SPISKUMMINEN I EN MORTEL OCH MORTELSTÖT OM DU HAR EN HAND. OM INTE, PURE DEM UNDER DEN BREDA SIDAN AV EN KOCKKNIV GENOM ATT FÖRSIKTIGT TRYCKA PÅ KNIVEN MED NÄVEN.

GULASCH
- 1½ kilo malet fläsk
- 2 dl hackad röd, orange och/eller gul paprika
- ¾ kopp hackad rödlök
- 1 liten färsk röd chili kärnad och finhackad (se luta)
- 4 teskedar rökkrydda (se recept)
- 1 tsk spiskummin, krossade
- ¼ tesked mald mejram eller oregano
- 1 14-ounce smör osaltade tärnade tomater, odränerade
- 2 matskedar rödvinsvinäger
- 1 msk fint rivet citronskal
- ⅓ kopp hackad färsk persilja

KÅL
- 2 matskedar olivolja
- 1 medelstor lök, skivad
- 1 grön eller lila kål, skalad och tunt skivad

1. För att göra gulaschen, i en stor holländsk ugn, tillaga det malda fläsket, paprikan och löken på medelhög värme i 8 till 10 minuter, eller tills fläsket inte längre är rosa och grönsakerna är möra. och krispiga. en träslev. att bryta ner köttet. Häll av fettet. Sänk värmen till låg; tillsätt röd chili, rökt krydda, spiskummin och mejram. Täck över och koka i 10 minuter. Tillsätt de odränerade tomaterna och vinägern. Vattenkokare; Sänk värmen. Sjud under lock i 20 minuter.

2. Värm under tiden oljan till kålen i en mycket stor panna på medelvärme. Tillsätt löken och koka tills den mjuknat, ca 2 minuter. Lägg till kål; rör om för att blanda. Sänk värmen till låg. koka i ca 8 minuter eller tills kålen är mjuk, rör om då och då.

3. Häll upp lite av kålblandningen på en tallrik till servering. Toppa med gulasch och strö över citronskal och persilja.

ITALIENSK KORVKÖTTBULLE MARINARA MED SKIVAD FÄNKÅL OCH ROSTAD LÖK

LÄXA:Grädda i 30 minuter: Koka i 30 minuter: 40 minuter
Utbyte: 4-6 portioner

DETTA RECEPT ÄR ETT SÄLLSYNT EXEMPELEN KONSERVERAD PRODUKT SOM FUNGERAR LIKA BRA OM INTE BÄTTRE ÄN DEN FÄRSKA VERSIONEN. OM DU INTE HAR VÄLDIGT, VÄLDIGT MOGNA TOMATER FÅR DU INTE LIKA BRA KONSISTENS MED FÄRSKA TOMATER SOM MED KONSERVERADE TOMATER. SE BARA TILL ATT DU ANVÄNDER EN PRODUKT UTAN TILLSATT SALT OCH, ÄNNU BÄTTRE, EKOLOGISK.

KÖTTBULLAR
   2 stora ägg
   ½ kopp mandelmjöl
   8 hackade vitlöksklyftor
   6 matskedar torrt vitt vin
   1 matsked paprika
   2 tsk svartpeppar
   1 tsk fänkålsfrön, lätt krossade
   1 tsk torkad oregano, krossad
   1 tsk torkad timjan, mald
   ¼ till ½ tesked cayennepeppar
   1½ kilo malet fläsk

MARINARA
   2 matskedar olivolja

2 15-ounce burkar osaltade krossade tomater eller en 28-ounce burk osaltade krossade tomater

½ kopp hackad färsk basilika

3 medelstora fänkålslökar, halverade, kärnade och tunt skivade

1 stor söt lök, halverad och tunt skivad

1. Värm ugnen till 375 ° F. Klä en stor kantad bakplåt med bakplåtspapper; Lägg åtsidan. Vispa ägg, mandelmjöl, 6 hackade vitlöksklyftor, 3 matskedar vin, paprika, 1 ½ tsk svartpeppar, fänkålsfrön, oregano, timjan och cayennepeppar i en stor skål. Lägg till fläsk; Blanda väl. Forma fläskblandningen till 1½-tums köttbullar (du bör ha cirka 24 köttbullar); lägg ett lager på den förberedda bakplåten. Grädda i cirka 30 minuter eller tills de är lätt gyllene, vänd en gång medan du gräddar.

2. Under tiden, för marinarasåsen, värm 1 matsked olivolja i en 4-6 liter holländsk ugn. Tillsätt återstående 2 hackade vitlöksklyftor; koka i ca 1 minut eller tills den precis börjar få färg. Tillsätt snabbt de återstående 3 matskedarna vin, krossade tomater och basilika. Vattenkokare; Sänk värmen. Sjud under lock i 5 minuter. Blanda försiktigt ner de kokta köttbullarna i marinarasåsen. Täck över och koka på låg värme i 25-30 minuter.

3. Värm under tiden den återstående 1 msk olivolja i en stor panna på medelvärme. Tillsätt skivad fänkål och lök. Koka i 8 till 10 minuter eller tills de är mjuka och lättbruna, rör om ofta. Krydda med resterande ½ tsk

svartpeppar. Servera köttbullarna och marinarasåsen över fänkål och lök.

ZUCCHINIBÅTAR FYLLDA MED FLÄSK MED BASILIKA OCH PINJENÖTTER

LÄXA:Tillagning 20 minuter: Grädda 22 minuter: 20 minuter
Utbyte: 4 portioner

BARN KOMMER ATT ÄLSKA DETTA ROLIGA MELLANMÅLIHÅLIG ZUCCHINI FYLLD MED MALET FLÄSK, TOMATER OCH PAPRIKA. OM DU VILL, TILLSÄTT 3 MATSKEDAR BASILIKAPESTO (SE_RECEPT_) ISTÄLLET FÖR FÄRSK BASILIKA, PERSILJA OCH PINJENÖTTER.

2 medelstora zucchinis

1 msk extra virgin olivolja

12 oz malet fläsk

¾ kopp hackad lök

2 pressade vitlöksklyftor

1 dl hackade tomater

⅔ kopp hackad gul eller orange paprika

1 tsk fänkålsfrön, lätt krossade

½ tsk krossade paprikaflingor

¼ kopp hackad färsk basilika

3 matskedar färsk persilja skuren i strimlor

2 msk rostade pinjenötter (se_luta_) och hackad

1 tsk fint rivet citronskal

1. Värm ugnen till 350° F. Skär zucchinin på mitten på längden och skrapa försiktigt ut mitten och lämna kvar ett ¼-tums tjockt skal. Hacka zucchinin i stora

bitar och ställ åt sidan. Lägg zucchinihalvorna med den skurna sidan uppåt på en bakplåt med folie.

2. Till fyllningen värm olivoljan i en stor stekpanna på medelvärme. Tillsätt köttfärs; koka tills det inte längre är rosa, rör om med en träslev för att bryta upp köttet. Häll av fettet. Sänk värmen till medium. Tillsätt den reserverade zucchinin, löken och vitlöken; koka och rör om i ca 8 minuter eller tills löken är mjuk. Tillsätt tomater, paprika, fänkålsfrön och krossad röd paprika. Koka i cirka 10 minuter eller tills tomaterna är mjuka och börjar brytas ner. Ta stekpannan från värmen. Tillsätt basilika, persilja, pinjenötter och citronskal. Dela fyllningen mellan zucchiniskalen så att det bildas en liten klump. Grädda i 20-25 minuter eller tills zucchiniskalen är krispiga.

ANANAS CURRY FLÄSK NUDELSKÅLAR MED KOKOSMJÖLK OCH ÖRTER

LÄXA:Tillagning 30 minuter: Grädda 15 minuter: 40 minuter
Utbyte: 4 portionerBILD

- 1 stor spaghetti squash
- 2 matskedar raffinerad kokosolja
- 1 kilo malet fläsk
- 2 matskedar hackad gräslök
- 2 msk färsk limejuice
- 1 matsked mald färsk ingefära
- 6 hackade vitlöksklyftor
- 1 msk malet citrongräs
- 1 msk tillsatt salt thailändsk röd curry
- 1 dl hackad röd paprika
- 1 dl hackad lök
- ½ kopp julienade morötter
- 1 baby bok choy, skivad (3 koppar)
- 1 kopp skivad färsk svamp
- 1 eller 2 tunt skivade thailändska fågelchili (se_luta_)
- 1 13,5 oz burk vanlig kokosmjölk (som Nature's Way)
- ½ kopp kycklingbensbuljong (se_recept_) eller kycklingbuljong utan tillsatt salt
- ¼ kopp färsk ananasjuice
- 3 matskedar osaltat cashewsmör utan tillsatt olja
- 1 kopp färsk tärnad ananas, tärnad

Citronskivor

Färsk koriander, mynta och/eller thaibasilika

Hackade rostade cashewnötter

1. Värm ugnen till 400 ° F. Mikrovågsugn spaghetti squash på hög i 3 minuter. Dela pumpan försiktigt på längden och gröp ur kärnorna. Gnid in 1 matsked kokosolja över de skurna sidorna av pumpan. Lägg pumpahalvorna, med skurna sidan nedåt, på en plåt. Grädda i 40-50 minuter eller tills pumpan lätt kan stickas igenom med en kniv. Använd stiften på en gaffel för att skrapa fruktköttet från skalet och håll varmt tills det ska serveras.

2. Under tiden, i en medelstor skål, kombinera fläsk, salladslök, limejuice, ingefära, vitlök, citrongräs och currypulver; Blanda väl. I en mycket stor stekpanna, värm den återstående 1 msk kokosolja på medelhög värme. Tillsätt fläskblandning; koka tills det inte längre är rosa, rör om med en träslev för att bryta upp köttet. Tillsätt paprika, lök och morot; koka och rör om i cirka 3 minuter eller tills grönsakerna är knapriga. Tillsätt bok choy, svamp, chili, kokosmjölk, kycklingbensbuljong, ananasjuice och cashewsmör. Vattenkokare; Sänk värmen. Lägg till ananas; låt sjuda på locket tills det är genomvärmt.

3. Fördela spagettisquashen mellan fyra serveringsskålar att servera. Servera curryn över pumpan. Servera med citronskivor, örter och cashewnötter.

KRYDDIG GRILLAD FLÄSK EMPANADAS MED KRYDDIG GURKSALLAD

LÄXA:Grillad 30 minuter: 10 minuter vila: 10 minuter Utbyte: 4 portioner

KRISPIG GURKSALLADSMAKSATT MED FÄRSK MYNTA ÄR DET EN UPPFRISKANDE OCH UPPFRISKANDE TOPPING FÖR KRYDDIGA FLÄSKBURGARE.

⅓ kopp olivolja
¼ kopp malen färsk mynta
3 matskedar vit vinäger
8 hackade vitlöksklyftor
¼ tsk svartpeppar
2 medelstora gurkor, mycket tunt skivade
1 liten lök, tunt skivad (ca ½ kopp)
1¼ till 1½ kilo malet fläsk
¼ kopp hackad färsk koriander
1-2 färska medelstora jalapeno- eller serrano-peppar, kärnade (om så önskas) och hackade (se_luta_)
2 medelstora röda paprikor, kärnade och i fjärdedelar
2 teskedar olivolja

1. Vispa ihop ⅓ kopp olivolja, mynta, vinäger, 2 hackade vitlöksklyftor och svartpeppar i en stor skål. Tillsätt skivad gurka och lök. Rör om tills det är väl täckt. Täck över och kyl tills du ska servera, rör om en eller två gånger.

2. Kombinera fläsk, koriander, chili och de återstående 6 hackade vitlöksklyftorna i en stor skål. Forma till fyra ¾-tums tjocka biffar. Pensla lätt en fjärdedel av paprikan med 2 tsk olivolja.

3. För en kol- eller gasgrill, placera biffarna och paprikakvartarna direkt på medelvärme. Täck över och grilla tills en termometer som satts in i kanterna på fläskkotletterna visar 160°F och paprikakvarteren är möra och lätt förkolnade, då biffarna och paprikakvarteren blir halvrostade. Räkna med 10-12 minuter för hamburgerbiffarna och 8-10 minuter för pepparkvartarna.

4. När paprikakvartarna är klara lindar du in dem i aluminiumfolie så att de är helt stängda. Låt stå i cirka 10 minuter eller tills den är tillräckligt kall för att hantera. Ta försiktigt bort skalet från paprikan med en vass kniv. Finhacka en fjärdedel av paprikan på längden.

5. För att servera, släng gurksalladen och fördela den jämnt på fyra stora serveringsfat. Lägg till fläskbiff på varje tallrik. Stapla paprikaskivorna jämnt ovanpå hamburgerbiffarna.

ZUCCHINIPIZZA MED SOLTORKAD TOMATPESTO, PAPRIKA OCH ITALIENSK KORV

LÄXA:Tillagning 30 minuter: Grädda 15 minuter: 30 minuter
Utbyte: 4 portioner

DETTA ÄR KNIV OCH GAFFEL PIZZA.SE TILL ATT TRYCKA NER KORVEN OCH PAPRIKAN LÄTT I DEN PESTOBELAGDA SKORPAN SÅ ATT PÅLÄGGEN FÄSTER TILLRÄCKLIGT FÖR ATT SKIVA PIZZAN PERFEKT.

- 2 matskedar olivolja
- 1 msk finmalen mandel
- 1 stort ägg, lätt uppvispat
- ½ kopp mandelmjöl
- 1 msk färsk oregano skuren i strimlor
- ¼ tsk svartpeppar
- 3 pressade vitlöksklyftor
- 3½ dl riven zucchini (2 medelstora)
- Italiensk korv (se recept, Nedan)
- 1 msk extra virgin olivolja
- 1 paprika (gul, röd eller hälften av varje), kärnad och skär i mycket tunna strimlor
- 1 liten lök, fint skivad
- Soltorkad tomatpesto (se recept, Nedan)

1. Värm ugnen till 425° F. Pensla en 12-tums pizzapanna med 2 matskedar olivolja. Strö över mald mandel; Lägg åtsidan.

2. Till basen, blanda ägg, mandelmjöl, oregano, svartpeppar och vitlök i en stor skål. Lägg den rivna zucchinin på en ren handduk eller en bit gasväv. slå in väl

LAMMLÅR RÖKT MED CITRON OCH KORIANDER MED GRILLAD SPARRIS

HANDFAT:30 minuter redo: 20 minuter grillad: 45 minuter stående: 10 minuter Utbyte: 6-8 portioner

ENKEL, MEN ÄNDÅ ELEGANT, DEN HÄR RÄTTEN HANDLAR OM KARAKTÄRTVÅ INGREDIENSER SOM BLIR LEVANDE UNDER VÅREN: LAMM OCH SPARRIS. ATT ROSTA KORIANDERFRÖN GER EN VARM, JORDNÄRA, LÄTT SYRLIG SMAK.

- 1 kopp hickory träflis
- 2 msk korianderfrön
- 2 matskedar fint rivet citronskal
- 1½ tsk svartpeppar
- 2 matskedar färsk timjan skuren i strimlor
- 1 benfritt lammlår 2-3 kilo
- 2 knippen färsk sparris
- 1 matsked olivolja
- ¼ tsk svartpeppar
- 1 citron skuren i fyra delar

1. Blötlägg hickoryflingorna i en skål i minst 30 minuter innan de röks i tillräckligt med vatten för att täcka dem; Lägg åtsidan. Under tiden, i en liten panna, rosta korianderfröna på medelvärme i cirka 2 minuter eller tills de doftar och är knapriga, rör om ofta. Ta bort frön från pannan; Låt det svalna. När fröna har svalnat, krossa dem i en mortel och mortelstöt (eller lägg fröna på en skärbräda och krossa dem med

baksidan av en träslev). I en liten skål, kombinera krossade korianderfrön, citronskal, 1½ tsk kryddpeppar och timjan; Lägg åtsidan.

2. Ta bort nätet från lammsteken, om det finns. Öppna steken på arbetsytan, med fettsidan nedåt. Strö hälften av kryddblandningen över köttet; gnugga med fingrarna. Rulla ihop steken och knyt med 4-6 stycken köksgarn av 100 % bomull. Strö över resterande kryddblandning på utsidan av steken och tryck lätt för att fästa.

3. För kolgrillen, placera kolen runt dropppannan på medelvärme. Prova i en panna på medelvärme. Strö de dränerade träspånen över kolen. Lägg lammsteken på grillen på droppbrickan. Täck över och rök i 40-50 minuter på medelvärme (145°F). (Gasgrill Förvärm grillen. Sänk värmen till medel. Ställ in för indirekt tillagning. Rök enligt ovan, förutom tillsätt avrunna flis enligt tillverkarens anvisningar.) Täck steken löst med folie. Låt vila 10 minuter innan du skär.

4. Skär under tiden bort de träiga ändarna på sparrisen. Kasta sparrisen i en stor skål med olivoljan och ¼ tsk peppar. Lägg sparrisen runt grillens ytterkanter, direkt över kolen och vinkelrätt mot grillgallret. Täck över och grilla i 5-6 minuter tills den är genomstekt. Pressa citronskivorna över sparrisen.

5. Ta bort snöret från lammsteken och skär köttet i tunna skivor. Servera köttet med grillad sparris.

LAMM HOT POT

LÄXA:30 minuters tillagningstid: 2 timmar 40 minuter
Utbyte: 4 portioner

VÄRM UPP MED DENNA GODA GRYTAHÖST ELLER VINTERKVÄLL. GRYTAN SERVERAS ÖVER EN SAMMETSLEN ROTSELLERI OCH PALSTERNACKAPURÉ KRYDDAD MED SENAP I DIJONSTIL, CASHEWKRÄM OCH GRÄSLÖK. OBS: ROTSELLERI KALLAS IBLAND SELLERI.

10 svartpepparkorn

6 vismän

3 hela kryddpeppar

Skala 2 2-tums apelsiner

2 kilo benfri lammaxel

3 matskedar olivolja

2 medelstora lökar, grovt hackade

1 14,5-ounce tärnade tomater utan salttillsats, odränerade

1½ dl köttbensbuljong (se recept) eller nötbuljong utan tillsatt salt

¾ kopp torrt vitt vin

3 stora vitlöksklyftor, hackade och skalade

2 pund sellerirot, skalad och skuren i 1-tums kuber

6 medelstora palsternacka, skalade och skurna i 1-tums skivor (ca 2 pund)

2 matskedar olivolja

2 matskedar cashewgrädde (se recept)

1 msk senap i Dijon-stil (se recept)

¼ kopp hackad gräslök

1. Skär en 7-tums fyrkant av ostduk för buketten. Ordna paprika, salvia, kryddpeppar och apelsinskal i mitten av ostduken. Lyft upp hörnen på ostduken och knyt hårt med rent köksgarn av 100 % bomull. Avsätta.

2. Putsa fettet från lammaxeln; skär lamm i 1-tums bitar. I en holländsk ugn, värm 3 matskedar olivolja över medelvärme. Koka vid behov lammet i omgångar i het olja tills det är brunt; Ta bort från pannan och håll varmt. Lägg löken i pannan; koka i 5-8 minuter eller tills de mjuknat och fått lite färg. Tillsätt bouquet garni, odränerade tomater, 1¼ dl nötköttsbuljong, vin och vitlök. Vattenkokare; Sänk värmen. Sjud under lock i 2 timmar, rör om då och då. Ta bort och kassera bouquet garni.

3. Mosa under tiden rotselleri och palsternacka i en stor kruka; täck med vatten. Koka upp på medelvärme; minska värmen till låg. Täck över och låt sjuda i 30-40 minuter eller tills grönsakerna är väldigt mjuka när de sticks igenom med en gaffel. Klar; lägg grönsakerna i en matberedare. Tillsätt återstående ¼ kopp nötköttsbuljong och 2 matskedar olja; Mixa tills purén är nästan slät men fortfarande har lite konsistens. Stanna en eller två gånger för att skrapa ner kanterna. Överför purén till en skål. Tillsätt cashewgrädde, senap och vårlök.

4. För att servera, dela purén i fyra skålar; toppad med Lamb Hot Pot.

LAMMGRYTA MED ROTSELLERI

LÄXA:Grädda på 30 minuter: 1 timme 30 minuter Utbyte: 6 portioner

ROTSELLERI FÅR ETT HELT ANNAT UTSEENDE.PÅ ETT SÄTT ÄR DENNA GRYTA SOM HETT LAMM (SE<u>RECEPT</u>). EN MANDOLINSKÄRARE SKAPAR MYCKET TUNNA REMSOR AV DEN SÖTA, NÖTIGA ROTEN. SJUD "NUDLARNA" I GRYTAN TILLS DE ÄR KOKTA.

2 teskedar citronörtskrydda (se<u>recept</u>)

1½ pund lammgryta kött, skuren i 1-tums kuber

2 matskedar olivolja

2 dl hackad lök

1 kopp hackad morot

1 kopp tärnad kålrot

1 msk finhackad vitlök (6 klyftor)

2 matskedar utan tillsatt tomatpuré

½ dl torrt rött vin

4 koppar köttbensbuljong (se<u>recept</u>) eller nötbuljong utan tillsatt salt

1 lagerblad

2 koppar 1-tums tärnad butternut squash

1 kopp tärnad aubergine

1 kilo rotselleri, skalad

hackad färsk persilja

1. Värm ugnen till 250° F. Strö citronörtskrydda jämnt över lamm. Kasta försiktigt för att täcka. Värm en 6- till 8-quart holländsk ugn över medelvärme. Tillsätt 1

matsked olivolja och hälften av det holländska ugnskryddat lamm. Bryn köttet i het olja på alla sidor; Lägg över det brynta köttet på en tallrik och upprepa med resten av lammet och olivoljan. Sänk värmen till medium.

2. Tillsätt lök, morötter och kålrot i grytan. Koka och rör om grönsaker i 4 minuter; tillsätt vitlök och tomatpuré och koka i 1 minut till. Tillsätt rött vin, nötbuljong, lagerblad och reserverat kött, samt safterna som har samlats i grytan. Låt blandningen koka upp. Täck och sätt in den holländska ugnen i den förvärmda ugnen. Grädda i 1 timme. Tillsätt pumpa och aubergine. Sätt tillbaka i ugnen och grädda i ytterligare 30 minuter.

3. Medan grytan är i ugnen, använd en mandolin för att skära rotsellerin i mycket tunna skivor. Skär rotselleriskivorna i ½ tum breda remsor. (Du bör ha ca 4 koppar.) Rör ner rotselleristrimlorna i grytan. Sjud i ca 10 minuter eller tills de är mjuka. Ta bort och släng lagerbladet innan du serverar grytan. Strö varje portion med hackad persilja.

LAMMKOTLETTER MED KRYDDIG GRANATÄPPLE OCH DADELSÅS

LÄXA:Koka 10 minuter: Kyl 18 minuter: 10 minuter Utbyte: 4 portioner

TERMEN "FRANSK" HÄNVISAR TILL REVBENETVARIFRÅN FETT, KÖTT OCH BINDVÄV TAGITS BORT MED EN VASS KÖKSKNIV. DET ÄR EN ATTRAKTIV SHOW. BE DIN SLAKTARE ATT GÖRA DET ELLER SÅ KAN DU GÖRA DET SJÄLV.

CHUTNEY
½ kopp osötad granatäpplejuice
1 msk färsk citronsaft
1 schalottenlök, skalad och skuren i tunna ringar
1 tsk finrivet apelsinskal
⅓ kopp hackade Medjool-dadlar
¼ tesked krossad röd paprika
¼ kopp granatäpple*
1 matsked olivolja
1 msk hackad färsk italiensk (plattbladig) persilja

LAMMKOTLETTER
2 matskedar olivolja
8 franska lammkotletter

1. Till den heta såsen, blanda granatäpplejuice, citronsaft och schalottenlök i en liten kastrull. Vattenkokare; Sänk värmen. Sjud under lock i 2 minuter. Tillsätt apelsinskal, dadlar och krossad röd paprika. Låt

svalna, ca 10 minuter. Tillsätt granatäpple, 1 msk olivolja och persilja. Låt stå i rumstemperatur fram till servering.

2. För kotletterna, värm 2 matskedar olivolja i en stor stekpanna på medelvärme. Arbeta i omgångar, tillsätt kotletterna i pannan och koka i 6-8 minuter på medelvärme (145°F), vänd en gång. Toppa kotletterna med varm sås.

*Obs: Färska granatäpplen och deras ari eller frön är tillgängliga från oktober till februari. Om du inte hittar dem, använd osötade torkade frön för att lägga till crunch till chutneyn.

CHIMICHURRI LAMMKOTLETTER MED ROSTAD RADICCHIO-KÅL

LÄXA:30 minuter Marinering: 20 minuter Tillagning: 20 minuter Utbyte: 4 portioner

I ARGENTINA ÄR CHIMICHURRI DEN POPULÄRASTE KRYDDAN.TILLSAMMANS MED LANDETS BERÖMDA GRILLADE BIFF I GAUCHOSTIL. DET FINNS MÅNGA VARIANTER, MEN EN TJOCK ÖRTSÅS GÖRS VANLIGTVIS MED PERSILJA, KORIANDER ELLER OREGANO, SCHALOTTENLÖK OCH/ELLER VITLÖK, KROSSAD RÖD PAPRIKA, OLIVOLJA OCH RÖDVINSVINÄGER. DEN ÄR PERFEKT PÅ GRILLAD BIFF, MEN LIKA GOD I PANNA SOM PÅ HELSTEKT LAMM, KYCKLING OCH FLÄSKKOTLETTER.

- 8 lammryggar, skurna i 1-tums tjocka skivor
- ½ kopp chimichurrisås (se recept)
- 2 matskedar olivolja
- 1 söt lök, halverad och skivad
- 1 tsk spiskummin, krossade*
- 1 finhackad vitlöksklyfta
- 1 huvud radicchio, kärna ur och skär i tunna strimlor
- 1 msk balsamvinäger

1. Lägg lammkotletterna i en mycket stor skål. Ringla 2 matskedar chimichurrisås ovanpå. Gnid såsen med fingrarna över hela ytan på varje kotlett. Låt kotletterna marinera i rumstemperatur i 20 minuter.

2. Under tiden, för den bakade radicchiosalladen, värm 1 msk olivolja i en mycket stor stekpanna. Tillsätt lök, spiskummin och vitlök; koka 6-7 minuter eller tills löken mjuknat, rör om ofta. Lägg till radicchio; koka i 1-2 minuter eller tills radicchio vissnar något. Överför salladen till en stor skål. Tillsätt balsamvinägern och blanda väl. Täck över och håll varmt.

3. Rengör pannan. Tillsätt den återstående 1 msk olivolja i pannan och värm på medelvärme. Mer lammkotletter; minska värmen till medium. Koka i 9-11 minuter eller tills önskad form, vänd kotletterna då och då med en tång.

4. Servera kotletterna med salladen och resterande chimichurrisås.

*Obs: För att krossa spiskummin, använd en mortel och mortelstöt eller lägg fröna på en skärbräda och krossa dem med en kockkniv.

LAMMKOTLETTER BREDS MED ANKA OCH SALVIA MED MOROTS-SÖTPOTATISREMOULAD

LÄXA:Kall 12 minuter: 1-2 timmar Grill: 6 minuter Utbyte: 4 portioner

DET FINNS TRE TYPER AV LAMMKOTLETTER.DE TJOCKA, KÖTTIGA KOTLETTERNA SER UT SOM SMÅ RIBEYES. REVBENSKOTLETTER, SOM KALLAS HÄR, GÖRS GENOM ATT SKÄRA LAMMSTÅNGEN MELLAN BENEN. DE ÄR MYCKET ÖMMA OCH HAR ETT ATTRAKTIVT LÅNGT BEN PÅ SIDAN. DE SERVERAS OFTA GRILLADE ELLER GRILLADE. ECONOMY SHOULDER CHOP ÄR NÅGOT FETARE OCH MINDRE MÖR ÄN DE ANDRA TVÅ TYPERNA. DET ÄR BÄST ATT BRYNA DEM OCH SEDAN BRÄSERA DEM I VIN, FOND OCH TOMATER ELLER EN KOMBINATION AV DESSA.

- 3 medelstora morötter, grovt rivna
- 2 små sötpotatisar, finriven* eller grovt riven
- ½ kopp Paleo Mayo (se_recept_)
- 2 matskedar färsk citronsaft
- 2 tsk senap i Dijon-stil (se_recept_)
- 2 matskedar hackad färsk persilja
- ½ tsk svartpeppar
- 8 lammkotletter, skär ½ till ¾ tum tjocka
- 2 msk hackad färsk salvia eller 2 tsk krossad torkad salvia
- 2 tsk malda ancho chili
- ½ tsk vitlökspulver

1. Till remoulad, blanda morötter och sötpotatis i en medelstor skål. Blanda Paleo Mayo, citronsaft, Dijon-liknande senap, persilja och svartpeppar i en liten skål. Häll över morötterna och sötpotatisen; kasta i en jacka. Täck över och kyl i 1-2 timmar.

2. Blanda under tiden salvia, ancho chili och vitlökspulver i en liten skål. Gnid in kryddblandningen över lammkotletterna.

3. För en kol- eller gasolgrill, lägg lammkotletterna direkt på grillen på medelvärme. Täck över och grilla i 6-8 minuter för medium-rare (145°F) eller 10-12 minuter för medium (150°F), vänd en gång halvvägs genom grillningen.

4. Servera lammkotletterna med remoulad.

*Obs: Använd en mandolin med juliennetillbehör för att skiva sötpotatis.

LAMMBURGARE FYLLDA MED RÖD PAPRIKA FRÅN TRÄDGÅRDEN

LÄXA:20 minuter vila: 15 minuter grillning: 27 minuter
Utbyte: 4 portioner

COULIS ÄR INGET ANNAT ÄN EN ENKEL, SLÄT SÅS.GJORD AV MOSADE FRUKTER ELLER GRÖNSAKER. DEN LJUSA OCH VACKRA RÖDA PEPPARSÅSEN AV DESSA LAMMBURGARE FÅR EN DUBBEL DOS RÖK: FRÅN GRILLEN OCH RÖKT PAPRIKA.

RÖD PAPRIKA COULIS
1 stor röd paprika
1 matsked torr vit vinäger eller vitt vin
1 tsk olivolja
½ tsk rökt paprika

HAMBURGARE
¼ kopp svavelfria soltorkade tomater, skurna i strimlor
¼ kopp riven zucchini
1 matsked hackad färsk basilika
2 teskedar olivolja
½ tsk svartpeppar
1½ kilo malet lamm
1 äggvita, lätt vispad
1 matsked medelhavskrydda (se_recept_)

1. Lägg den röda paprikan på grillen direkt på medelvärme. Täck över och grilla i 15 till 20 minuter eller tills de är förkolnade och mycket mjuka, vänd

paprikan var 5:e minut för att förkolna på båda sidor. Ta bort från grillen och lägg omedelbart i en pappers- eller foliepåse så att paprikan täcks helt. Låt stå i 15 minuter eller tills den är tillräckligt kall för att hantera. Ta försiktigt bort huden med en vass kniv och kassera. Skär paprikan på längden i fyra delar och ta bort stjälkar, frön och hinnor. Kombinera den rostade paprikan, vinet, olivoljan och rökt paprika i en matberedare. Täck över och bearbeta eller blanda tills det är slätt.

2. Under tiden, för fyllningen, lägg de soltorkade tomaterna i en liten skål och täck med kokande vatten. Låt stå i 5 minuter; klar. Torka tomaterna och den rivna zucchinin med hushållspapper. Blanda tomater, zucchini, basilika, olivolja och ¼ tesked svartpeppar i en liten skål; Lägg åtsidan.

3. I en stor skål, kombinera malet lamm, äggvita, återstående ¼ tesked svartpeppar och medelhavskryddor; Blanda väl. Dela köttblandningen i åtta lika stora delar och forma var och en till en ¼-tums tjock biff. Häll fyllning i fyra biffar; toppa med resterande biffar, nyp kanterna för att täta fyllningen.

4. Lägg biffarna på grillen direkt på medelvärme. Täck och grilla i 12-14 minuter eller tills den är klar (160°F), vänd en gång halvvägs genom grillningen.

5. Servera hamburgarna med röd paprika på toppen.

LAMMSPETT MED DUBBEL OREGANO OCH TZATZIKISÅS

HANDFAT:30 minuter förberedelse: 20 minuter kylning: 30 minuter grill: 8 minuter Utbyte: 4 portioner

DESSA LAMMSPETT ÄR I PRINCIPI MEDELHAVET OCH MELLANÖSTERN FORMAS KOFTA: KRYDDAT KÖTTFÄRS (VANLIGTVIS LAMM ELLER NÖT) TILL BOLLAR ELLER RUNT SPETT OCH GRILLAS. FÄRSK OCH TORKAD OREGANO GER DEM EN UNDERBAR GREKISK SMAK.

8 st 10-tums träspett

LAMMSPETT
- 1½ kilo magert malet lamm
- 1 liten lök riven och pressad torr
- 1 msk färsk oregano skuren i strimlor
- 2 tsk torkad oregano, krossad
- 1 tsk svartpeppar

TZATZIKISÅS
- 1 kopp Paleo Mayo (se recept)
- ½ stor gurka, kärnor, riven och torrpressad
- 2 matskedar färsk citronsaft
- 1 finhackad vitlöksklyfta

1. Blötlägg spetten i vatten i 30 minuter så att de täcks.

2. För lammkabobs, kombinera malet lamm, lök, färsk och torkad oregano och peppar i en stor skål; Blanda väl. Dela lammblandningen i åtta lika stora delar. Forma varje sektion i halvor på ett spett, skapa en 5-x-1-tums stock. Täck över och kyl i minst 30 minuter.

3. Under tiden, för tzatzikisåsen, i en liten skål, blanda Paleo Mayo, gurka, citronsaft och vitlök. Täck över och kyl till servering.

4. För en kol- eller gasolgrill, placera lammspetten på grillen direkt på medelvärme. Täck över och grilla i cirka 8 minuter på medelvärme (160°F), vänd en gång halvvägs genom grillen.

5. Servera lammspetten med tzatzikisås.

GRILLAD KYCKLING MED SAFFRAN OCH CITRON

LÄXA:15 minuter kylning: 8 timmar rostning: 1 timme 15 minuter vila: 10 minuter Utbyte: 4 portioner

SAFFRAN ÄR TORKADE STÅNDAREFRÅN EN TYP AV KROKUSBLOMMA. DET ÄR DYRT, MEN LITE RÄCKER LÅNGT. DEN TILLFÖR SIN DISTINKTA JORDNÄRA SMAK OCH VACKRA GULA NYANS TILL DENNA KRISPIGA KYCKLINGSOPPA.

1 hel kyckling 4-5 kilo

3 matskedar olivolja

6 vitlöksklyftor, krossade och skalade

1½ matskedar fint rivet citronskal

1 matsked färsk timjan

1½ tsk mald svartpeppar

½ tsk saffranstrådar

2 lagerblad

1 citron skuren i fyra delar

1. Ta bort halsen och inälvorna från kycklingen; kasta den eller förvara den för annan användning. Skölj kycklinghålan; torka torrt med en pappershandduk. Skär bort överflödigt skinn eller fett från kycklingen.

2. Blanda olivolja, vitlök, citronskal, timjan, peppar och saffran i en matberedare. Forma en slät pasta.

3. Gnid in pastan med fingrarna på utsidan och insidan av kycklingen. Överför kyckling till en stor skål; täck och ställ i kylen i minst 8 timmar eller över natten.

4. Värm ugnen till 425° F. Placera citronkvartarna och lagerbladen i kycklingens hålighet. Knyt fast benen med köksgarn av 100 % bomull. Stoppa vingarna under kycklingen. Placera kötttermometern inuti lårmuskeln utan att röra benet. Lägg kycklingen i en stor ugnsform på gallret.

5. Grilla i 15 minuter. Sänk ugnstemperaturen till 375°F. Grädda ca 1 timme längre, eller tills juicen blir klar och en termometer visar 175°F. Tält kycklingen i folie. Låt vila 10 minuter innan du skär.

SPATCHCOCKED KYCKLING MED JICAMASALLAD

LÄXA:40 minuter grill: 1 timme 5 minuter vila: 10 minuter avkastning: 4 portioner

"SPATCHCOCK" ÄR EN GAMMAL MATLAGNINGSTERMSOM NYLIGEN HAR TAGITS I BRUK IGEN FÖR ATT BESKRIVA PROCESSEN ATT KLYVA EN LITEN FÅGEL, SOM EN HÖNA ELLER CORNISH HÖNA, FRÅN RYGGEN OCH SEDAN ÖPPNA OCH PLATTA TILL DEN SOM EN BOK SÅ ATT DEN KAN LAGA MAT SNABBARE OCH JÄMNARE. DET LIKNAR FJÄRILARNAS FLYGNING, MEN HÄNVISAR BARA TILL FJÄDERFÄ.

KYCKLING
- 1 poblano chili
- 1 msk hackad schalottenlök
- 3 pressade vitlöksklyftor
- 1 tsk fint rivet citronskal
- 1 tsk finrivet limeskal
- 1 tesked rökt krydda (serecept)
- ½ tsk torkad oregano, krossad
- ½ tsk malen spiskummin
- 1 matsked olivolja
- 1 hel kyckling 3-3½ kilo

KÅLSALLAD
- ½ medelstor jicama, skalad och skuren (ca 3 koppar)
- ½ kopp tunt skivad salladslök (4)
- 1 Granny Smith äpple, skalat, urkärnat och urkärnat
- ⅓ kopp hackad färsk koriander

3 matskedar färsk apelsinjuice

3 matskedar olivolja

1 tsk citronörtskrydda (se<u>recept</u>)

1. För en kolgrill, placera lagom heta kol på ena sidan av grillen. Placera en avloppspanna under den tomma sidan av grillen. Lägg poblano på grillgallret direkt över medelvarma kol. Täck och grilla i 15 minuter eller tills poblano är förkolnad på alla sidor, vänd då och då. Slå genast in poblano i folie; låt vila i 10 minuter. Öppna folien och skär poblano på längden; ta bort stjälkarna och fröna (se<u>luta</u>). Ta försiktigt bort huden med en vass kniv och kassera. Hacka poblano fint. (Gasgrill Förvärm grillen, sänk värmen till medelhög. Placera i indirekt tillagning. Grilla enligt instruktionerna ovan över en tänd brännare.)

2. Till såsen, blanda poblano, schalottenlök, vitlök, citronskal, limeskal, rökt krydda, oregano och spiskummin i en liten skål. Tillsätt olja; blanda väl till en pasta.

3. Sprid ut kycklinghalsen och inälvorna (spara för annan användning). Lägg kycklingbröstet nedåt på skärbrädan. Använd en kökssax och gör ett längsgående snitt på ena sidan av ryggraden, med början i slutet av nacken. Upprepa det längsgående snittet på motsatt sida av ryggraden. Ta bort och kassera ryggraden. Lägg kycklingen med skinnsidan uppåt. Tryck mellan brösten för att bryta bröstbenet så att kycklingen ligger platt.

4. Börja vid halsen på ena sidan av bröstet, skjut fingrarna mellan huden och köttet, lossa huden när du arbetar mot låren. Släpp huden runt låret. Upprepa på andra sidan. Använd fingrarna för att applicera rubbet över köttet under kycklingens skinn.

5. Lägg kycklingbröstet nedåt på gallret över droppformen. Vikt med två folielindade tegelstenar eller en stor gjutjärnspanna. Täck över och grilla i 30 minuter. Vänd kycklingen med bensidan nedåt på ett galler och väg igen med tegelstenar eller panna. Grilla, täckt, ca 30 minuter längre eller tills kycklingen inte längre är rosa (175°F i låret). Ta bort kycklingen från grillen; låt vila i 10 minuter. (Om du använder en gasolgrill, placera kycklingen på grillen bort från värmen. Grilla enligt ovan.)

6. Blanda under tiden jicama, salladslök, äpple och koriander i en stor skål till salladen. Blanda apelsinjuice, olja och citronörtskrydda i en liten skål. Häll över jicama-blandningen och rör om. Servera kycklingen med salladen.

GRILLAD KYCKLINGRYGG MED VODKA, MOROT OCH TOMATSÅS

LÄXA:Tillagning 15 minuter: Grädda 15 minuter: 30 minuter
Utbyte: 4 portioner

VODKA KAN GÖRAS AV OLIKA TYPEROLIKA LIVSMEDEL SOM POTATIS, MAJS, RÅG, VETE OCH KORN, ÄVEN VINDRUVOR. ÄVEN OM DEN HÄR SÅSEN INTE HAR MYCKET VODKA NÄR DU DELAR DEN I FYRA PORTIONER, LETA EFTER VODKA GJORD PÅ POTATIS ELLER VINDRUVOR FÖR ATT GÖRA DEN PALEOVÄNLIG.

- 3 matskedar olivolja
- 4 bakparter av kyckling med ben eller köttiga bitar av broiler, skinnet avlägsnat
- 1 28-ounce burk smör osaltade plommontomater, avrunna
- ½ kopp hackad lök
- ½ kopp finhackad morot
- 3 pressade vitlöksklyftor
- 1 tesked medelhavskrydda (se recept)
- ⅛ tesked cayennepeppar
- 1 kvist färsk rosmarin
- 2 matskedar vodka
- 1 matsked hackad färsk basilika (valfritt)

1. Värm ugnen till 375 ° F. I en mycket stor stekpanna, värm 2 matskedar olja över medelhög värme. Lägg till kyckling; koka i cirka 12 minuter eller tills de fått färg

och fått en jämn färg. Placera pannan i den förvärmda ugnen. Grilla utan lock i 20 minuter.

2. Skär under tiden tomaterna till såsen med en kökssax. I en medelstor kastrull, värm den återstående matskeden olja på medelvärme. Tillsätt lök, morot och vitlök; koka 3 minuter eller tills de är mjuka, rör om ofta. Tillsätt de tärnade tomaterna, medelhavskryddor, cayennepeppar och en kvist rosmarin. Koka upp på medelvärme; Sänk värmen. Sjud under lock i 10 minuter, rör om då och då. Lägg till vodka; koka 1 minut till; ta bort och kassera rosmarinkvisten.

3. Servera såsen i pannan över kycklingen. Sätt tillbaka pannan i ugnen. Grilla, täckt, cirka 10 minuter längre eller tills kycklingen är mör och inte längre rosa (175°F). Om så önskas, strö över basilika.

POULET RÔTI OCH RUTABAGA FRITES

LÄXA:Grädda i 40 minuter: 40 minuter Utbyte: 4 portioner

KRISPIGA RUTABAGA-FRITES ÄR UTSÖKTSERVERAS MED SOPPKYCKLING OCH DESS JUICE, MEN ÄR LIKA VÄLSMAKANDE TILLAGADE SOM DE ÄR OCH MED PALEO TOMATSÅS (SE<u>RECEPT</u>) ELLER SERVERAS I BELGISK STIL MED PALEO ALIOLI (VITLÖKSMAJONNÄS, SE<u>RECEPT</u>).

- 6 matskedar olivolja
- 1 matsked medelhavskrydda (se<u>recept</u>)
- 4 kycklinglår utan skinn med ben (cirka 1 ¼ pund totalt)
- 4 kycklinglår utan skinn (cirka 1 kilo totalt)
- 1 dl torrt vitt vin
- 1 kopp kycklingbensbuljong (se<u>recept</u>) eller kycklingbuljong utan tillsatt salt
- 1 liten lök, i fjärdedelar
- Olivolja
- 1½-2 kilo rutabaga
- 2 matskedar färsk gräslök skuren i strimlor
- Svartpeppar

1. Värm ugnen till 400 ° F. I en liten skål, kombinera 1 msk olivolja och medelhavskrydda; gnugga över kycklingbitar. Värm 2 matskedar olja i en mycket stor ugnssäker panna. Lägg i kycklingbitarna, köttsidan nedåt. Koka utan lock i cirka 5 minuter eller tills de är gyllenbruna. Ta stekpannan från värmen. Vänd på kycklingbitarna med bruna sidan uppåt. Tillsätt vin, kycklingbensbuljong och lök.

2. Sätt in formen i ugnen på mittersta gallret. Grädda utan lock i 10 minuter.

3. Smörj under tiden ett stort bakplåtspapper lätt med olivolja till potatisen. Lägg åtsidan. Skala rutabagas. Använd en vass kniv och skär rutabagas i ½-tums skivor. Skär skivorna på längden i ½ tums remsor. I en stor skål, släng rutabaga-remsorna med de återstående 3 msk olja. Sprid ut rutabaga-remsorna i ett enda lager på den förberedda bakplåten; sätt in i ugnen på översta gallret. Grädda i 15 minuter; vänd potatisen. Grädda kycklingen i ytterligare 10 minuter eller tills den inte längre är rosa (175°F). Ta ut kycklingen från ugnen. Grädda potatisen i 5-10 minuter eller tills den är gyllenbrun och mjuk.

4. Ta bort kycklingen och löken från pannan och spara juicen. Täck kycklingen och löken för att hålla dem varma. Koka upp juicerna på medelvärme; Sänk värmen. Sjud under lock i ca 5 minuter eller tills saften minskat något.

5. Servera potatis med gräslök och krydda med peppar. Servera kycklingen med soppsaften och potatisen.

TRE CHAMPINJONER COQ AU VIN MED GRÄSLÖK

LÄXA:15 minuters tillagningstid: 1 timme 15 minuter Utbyte: 4-6 portioner

OM DET FINNS SAND I SKÅLENEFTER BLÖTLÄGGNING, TORKADE SVAMPAR, SOM DET SANNOLIKT FINNS, SILA VÄTSKAN GENOM ETT DUBBELT LAGER TJOCK OSTDUK PLACERAD I EN FIN SIL.

- 1 uns torkad porcini svamp eller murklor
- 1 dl kokande vatten
- 2-2½ kilo kycklinglår och -lår, skinnet borttaget
- Svartpeppar
- 2 matskedar olivolja
- 2 medelstora purjolökar, halverade på längden, sköljda och tunt skivade
- 2 portobellosvampar, skivade
- 8 ounces färska ostronsvampar, stjälkar och skivade, eller färska skivade champinjoner
- ¼ kopp osaltad tomatpuré
- 1 tsk torkad mejram, krossad
- ½ tsk torkad timjan, krossad
- ½ dl torrt rött vin
- 6 dl kycklingbensbuljong (se_recept_) eller kycklingbuljong utan tillsatt salt
- 2 lagerblad
- 2-2½ kilo rutabaga, skalad och hackad
- 2 matskedar färsk gräslök skuren i strimlor
- ½ tsk svartpeppar

hackad färsk timjan (valfritt)

1. I en liten skål, kombinera porcini svamp och kokande vatten; låt vila i 15 minuter. Ta bort svampen, reservera blötläggningsvätskan. Hacka svampen. Ställ svampen och blötläggningsvätskan åt sidan.

2. Strö kycklingen med peppar. Värm 1 msk olivolja i en mycket stor stekpanna med tättslutande lock på medelvärme. Stek kycklingbitarna i två omgångar i het olja i cirka 15 minuter tills de är ljusbruna, vänd en gång. Ta bort kycklingen från pannan. Tillsätt purjolöken, portobellosvampen och ostronsvampen. koka 4-5 minuter eller tills svampen börjar få färg, rör om då och då. Tillsätt tomatpuré, mejram och timjan; koka och rör om i 1 minut. Tillsätt vin; koka och rör om i 1 minut. Tillsätt 3 koppar kycklingbensbuljong, lagerblad, ½ kopp reserverad svampblötläggningsvätska och rehydrerad mald svamp. Lägg tillbaka kycklingen i pannan. Vattenkokare; Sänk värmen. Koka på låg värme under lock,

3. Under tiden, i en stor kastrull, kombinera rutabagas och de återstående 3 kopparna buljong. Tillsätt eventuellt vatten för att täcka rutabagas. Vattenkokare; Sänk värmen. Låt puttra under lock i 25-30 minuter eller tills rutabagasen är mjuk, rör om då och då. Häll av rutabagas och spara vätskan. Lägg tillbaka rutabagas i grytan. Tillsätt resterande 1 msk olivolja, vårlök och ½ tsk peppar. Mosa rutabagablandningen med en potatisstöt, tillsätt mer

matlagningsvätska efter behov för att uppnå önskad konsistens.

4. Ta bort lagerblad från kycklingblandningen; avvisa. Servera kycklingen och såsen över mosade rutabagas. Om du vill, strö färsk timjan ovanpå.

PEACH BRANDY GLASERADE TRUMPINNAR

LÄXA:30 minuter grill: 40 minuter gör: 4 portioner

DESSA KYCKLINGFÖTTER ÄR PERFEKTAMED EN KRISPIG SALLAD OCH KRYDDIGA SÖTPOTATISFRITES FRÅN RECEPTET TUNISISK FLÄSKAXEL (SE<u>RECEPT</u>). HÄR KAN DU SE EN KRISPIG KÅLSALLAD MED RÄDISOR, MANGO OCH MYNTA (SE<u>RECEPT</u>).

PERSIKA OCH BRANDY GLAZE
- 1 matsked olivolja
- ½ kopp hackad lök
- 2 medelstora färska persikor, halverade, urkärnade och hackade
- 2 msk konjak
- 1 kopp BBQ-sås (se<u>recept</u>)
- 8 kycklinglår (2-2½ pund totalt), skalet tas bort om så önskas

1. Värm olivoljan på medelvärme i en medelstor kastrull för glasyren. Tillsätt lök; koka i cirka 5 minuter eller tills de är mjuka, rör om då och då. Tillsätt persikorna. Täck över och koka i 4-6 minuter eller tills persikorna är mjuka, rör om då och då. Lägg till konjak; koka under lock, 2 minuter, rör om då och då. Låt det svalna lite. Överför persikoblandningen till en mixer eller matberedare. Täck över och rör om eller bearbeta tills det är slätt. Tillsätt BBQ-sås. Täck över och rör om eller bearbeta tills det är slätt. Lägg tillbaka såsen i grytan. Koka på medelvärme tills den

är genomvärmd. Överför ¾ kopp sås till en liten skål för att täcka kycklingen. Håll resten av såsen varm med den grillade kycklingen.

2. Till kolgrillen, placera kolen på medelvärme runt dropppannan. Experimentera med en droppbricka på medelvärme. Lägg kycklinglåren på grillgallret över dropppannan. Täck över och grilla i 40-50 minuter eller tills kycklingen inte längre är rosa (175°F), vänd en gång halvvägs genom stekningen och tråckla med ¾ kopp konjak-persikaglasyr under de sista 5 minuterna.10 minuter av stekningen. (På en gasolgrill, förvärm grillen. Sänk värmen till medel. Justera värmen för indirekt tillagning. Lägg till kycklinglår för att grilla av värme. Täck och grilla enligt anvisningarna.)

KYCKLING MARINERAD I CHILE MED MANGO OCH MELONSALLAD

LÄXA: 40 minuter kylning/marinering: 2-4 timmar grillning: 50 minuter Utbyte: 6-8 portioner

ANCHO CHILI ÄR EN TORR POBLANO– LJUS, MÖRKGRÖN CHILI MED STARK FRISK SMAK. ANCHO CHILI HAR EN LÄTT FRUKTIG SMAK MED EN HINT AV PLOMMON ELLER RUSSIN OCH BARA EN ANING BITTERHET. NEW MEXICO CHILI KAN VARA MÅTTLIGT VARMA. DE ÄR DE DJUPT RÖDA CHILI SOM SES GRUPPERADE OCH HÄNGDE I RISTRAS, FÄRGGLADA SAMLINGAR AV TORKADE CHILI, I VISSA DELAR AV SYDVÄST.

KYCKLING
- 2 torkade New Mexico chili
- 2 torkade ancho chili
- 1 dl kokande vatten
- 3 matskedar olivolja
- 1 stor söt lök, skalad och tjockt skivad
- 4 romska tomater, kärnade ur
- 1 msk finhackad vitlök (6 klyftor)
- 2 tsk malen spiskummin
- 1 tsk torkad oregano, krossad
- 16 kycklinglår

SALLAD
- 2 koppar tärnad melon
- 2 dl honungssås i tärningar

2 dl tärnad mango
¼ kopp färsk limejuice
1 tsk chilipulver
½ tsk malen spiskummin
¼ kopp färsk koriander, hackad

1. Ta bort kycklingstjälkar och frön från torkad New Mexico och anchopeppar. Värm en stor stekpanna över medelvärme. Rosta chilin i pannan i 1-2 minuter eller tills de är doftande och lätt rostade. Placera rostad chili i en liten skål; tillsätt kokande vatten i skålen. Låt stå i minst 10 minuter eller tills den ska användas.

2. Värm grillen. Klä en bakplåt med aluminiumfolie; bred 1 msk olivolja på folien. Ordna lökskivorna och tomaterna på pannan. Grilla ca 4 tum från värmen i 6-8 minuter eller tills de är mjuka och förkolnade. Häll av chilin och spara vattnet.

3. Till marinaden, blanda chili, lök, tomater, vitlök, spiskummin och oregano i en mixer eller matberedare. Täck över och blanda eller bearbeta tills den är slät, tillsätt reserverat vatten om det behövs för att puréa till önskad konsistens.

4. Lägg kycklingen i en stor återförslutbar plastpåse i en grund form. Häll marinaden över kycklingen i påsen, vänd påsen upp och ner för att täcka den jämnt. Marinera i kylen i 2-4 timmar, vänd på påsen då och då.

5. Blanda i en mycket stor skål cantaloupe, honungssås, mango, limejuice, de återstående 2 msk olivolja, chilipulver, spiskummin och koriander till salladen. Släng i en jacka. Täck över och kyl i 1-4 timmar.

6. Till kolgrillen, placera kolen på medelvärme runt dropppannan. Prova i en panna på medelvärme. Låt kycklingen rinna av, spara marinaden. Lägg kycklingen på grillen över dropppannan. Pensla kycklingen rikligt med den reserverade marinaden (kassera överflödig marinad). Täck över och grilla i 50 minuter eller tills kycklingen inte längre är rosa (175°F), vänd en gång halvvägs genom grillningen. (I en gasolgrill, Förvärm grillen. Sänk värmen till medelvärme. Lägg i indirekt tillagning. Fortsätt enligt instruktionerna genom att lägga kycklingen på en eldfast brännare.) Servera kycklingfiléerna med salladen.

KYCKLINGLÅR I TANDOORI-STIL MED GURKREMSOR

LÄXA:20 minuter Marinering: 2-24 timmar Grillning: 25 minuter Utbyte: 4 portioner

RAITA ÄR GJORD AV CASHEWNÖTTER.GRÄDDE, CITRONSAFT, MYNTA, KORIANDER OCH GURKA. GER EN UPPFRISKANDE MOTPOL TILL DEN KRYDDIGA, KRYDDIGA KYCKLINGEN.

KYCKLING
- 1 lök, tunt skivad
- 1 2-tums bit färsk ingefära, skalad och i fjärdedelar
- 4 vitlöksklyftor
- 3 matskedar olivolja
- 2 matskedar färsk citronsaft
- 1 tsk malen spiskummin
- 1 tsk mald gurkmeja
- ½ tsk mald kryddpeppar
- ½ tsk mald kanel
- ½ tsk svartpeppar
- ¼ tesked cayennepeppar
- 8 kycklinglår

GURKA RAND
- 1 dl cashewkräm (se recept)
- 1 msk färsk citronsaft
- 1 msk hackad färsk mynta
- 1 msk färsk koriander skuren i strimlor
- ½ tsk malen spiskummin

⅛ tsk svartpeppar

1 medelstor gurka, skalad, kärnad och tärnad (1 kopp)

Citronskivor

1. Blanda lök, ingefära, vitlök, olivolja, citronsaft, spiskummin, gurkmeja, kryddpeppar, kanel, svartpeppar och cayennepeppar i en mixer. Täck över och rör om eller bearbeta tills det är slätt.

2. Använd spetsen på en kökskniv och stick hål i varje trumpinne fyra eller fem gånger. Lägg trumstickorna i en stor återförslutbar plastpåse placerad i en stor skål. Tillsätt lökblandningen; vänd för att slå Marinera i kylen i 2-24 timmar, vänd på påsen då och då.

3. Förvärm grillen. Ta bort kycklingen från marinaden. Torka av överflödig marinad från björkarna med hushållspapper. Lägg björkarna på gallret på en bakplåt klädd med folie eller en kantad bakplåt. Grilla 6-8 tum från värmekällan i 15 minuter. Vänd på benen; grädda i cirka 10 minuter eller tills kycklingen inte längre är rosa (175°F).

4. Till randen, blanda cashewkräm, limejuice, mynta, koriander, spiskummin och svartpeppar i en medelstor skål. Tillsätt försiktigt gurkan.

5. Servera kycklingen med raita och citronskivor.

KYCKLINGCURRYGRYTA MED ROTFRUKTER, SPARRIS OCH GRÖNT ÄPPLE MED MYNTA

LÄXA:30 minuter tillagning: 35 minuter vila: 5 minuter
Utbyte: 4 portioner

2 msk raffinerad kokosolja eller olivolja
2 kilo kycklingbröst med ben, utan skinn om så önskas
1 dl hackad lök
2 msk riven färsk ingefära
2 matskedar finhackad vitlök
2 msk osaltat currypulver
2 msk mald och fröfri jalapeño (se_luta_)
4 dl kycklingbensbuljong (se_recept_) eller kycklingbuljong utan tillsatt salt
2 medelstora sötpotatisar (ca 1 kilo), skalade och hackade
2 medelstora rovor (ca 6 uns), skalade och hackade
1 dl tomat, kärnade och tärnad
8 uns sparris, putsad och skuren i 1-tums bitar
1 13,5 oz burk vanlig kokosmjölk (som Nature's Way)
½ kopp färsk koriander, skuren i strimlor
Äppelmintsås (se_recept_, Nedan)
Citronskivor

1. Värm olja i en 6-quart holländsk ugn på medelvärme. Bryn kycklingen i het olja, i omgångar, tills den fått en jämn färg, cirka 10 minuter. Överför kyckling till tallrik; Lägg åtsidan.

2. Vänd värmen till medel. Tillsätt lök, ingefära, vitlök, currypulver och jalapeño i grytan. Koka och rör om i 5 minuter eller tills löken mjuknat. Tillsätt kycklingbensbuljong, sötpotatis, kålrot och tomat. Lägg tillbaka kycklingbitarna i grytan så att kycklingen sänks ner i så mycket vätska som möjligt. Sänk värmen till medel-låg. Täck över och låt sjuda i 30 minuter eller tills kycklingen inte längre är rosa och grönsakerna är mjuka. Tillsätt sparris, kokosmjölk och koriander. Avlägsna från värme. Låt stå i 5 minuter. Skär eventuellt benen av kycklingen så att den fördelas jämnt mellan serveringsskålarna. Servera med äppelmintsås och limeklyftor.

Äppelmintsås: Mal ½ kopp osötade kokosflingor till ett pulver i en matberedare. Tillsätt 1 kopp färska korianderblad och ånga; 1 kopp färska myntablad; 1 Granny Smith äpple, kärnade och hackade; 2 tsk mald och fröad jalapeño (se_luta_); och 1 matsked färsk citronsaft. Pulsera tills det är fint hackat.

GRILLAD KYCKLINGPAILLARDSALLAD MED HALLON, RÖDBETOR OCH ROSTAD MANDEL

LÄXA:30 minuter Stekning: 45 minuter Marinering: 15 minuter Grillning: 8 minuter Utbyte: 4 portioner

½ kopp hela mandlar

1½ tsk olivolja

1 medelstor rödbeta

1 medelstor gyllene rot

2 6-8 oz benfria skinnfria kycklingbrösthalvor

2 dl färska eller frysta hallon, tinade

3 matskedar röd eller vit vinäger

2 matskedar färsk dragon skuren i strimlor

1 msk mald schalottenlök

1 tsk senap i Dijon-stil (se recept)

¼ kopp olivolja

Svartpeppar

8 koppar blandade grönsaker

1. För mandeln, förvärm ugnen till 400° F. Bred ut mandlarna på en liten bakplåt och ringla över ½ tsk olivolja. Grädda i ca 5 minuter eller tills de doftar och är gyllenbruna. Låt det svalna. (Mandel kan rostas 2 dagar i förväg och förvaras i en lufttät behållare.)

2. Lägg rödbetorna på en liten bit aluminiumfolie och ringla ½ tesked olivolja på varje. Linda folien löst runt rödbetorna och lägg på en plåt eller i en ugnsform. Rosta rödbetorna i ugnen i 400°F i 40-50 minuter eller tills de precis är mjuka när de sticks hål

med en kniv. Ta ut ur ugnen och låt vila tills den är tillräckligt kall för att hantera. Ta bort skinnet med en kökskniv. Skär rödbetan i skivor och håll åt sidan. (Undvik att blanda rödbetorna så att rödbetorna inte färgar rödbetorna bruna. Du kan rosta rödbetorna 1 dygn i förväg och kyla. Låt stå i rumstemperatur innan servering.)

3. För kycklingen, skär varje kycklingbröst på mitten horisontellt. Lägg varje kycklingbit mellan två bitar plastfolie. Slå försiktigt till ungefär en tum tjock med en köttklubba. Lägg kycklingen i en grund form och ställ åt sidan.

4. För vinägretten, puré lätt ¾ kopp hallon i en stor skål med en visp (reservera resten av hallonen till salladen). Tillsätt vinäger, dragon, schalottenlök och senap i Dijon-stil; vispa att blanda. Tillsätt ¼ kopp olivolja i en tunn stråle, blanda väl. Häll ½ kopp vinägrett över kycklingen; kasta kyckling till pälsen (reservera återstående vinägrett för sallad). Låt kycklingen marinera i rumstemperatur i 15 minuter. Ta bort kycklingen från marinaden och strö över peppar; släng resten av marinaden i en skål.

5. För en kol- eller gasgrill, lägg kycklingen direkt på grillen på medelvärme. Täck över och grilla i 8-10 minuter eller tills kycklingen inte längre är rosa, vänd en gång halvvägs genom grillningen. (Kycklingen kan även tillagas i grillpanna.)

6. I en stor skål, släng sallad, rödbetor och återstående 1¼ koppar hallon. Häll reserverad vinägrett över

sallad; släng försiktigt in i jackan. Fördela salladen mellan fyra serveringsfat; toppa var och en med en bit grillat kycklingbröst. Hacka den rostade mandeln i stora bitar och strö ovanpå. Servera omedelbart.

BROCCOLIFYLLDA KYCKLINGBRÖST MED FÄRSK TOMATSÅS OCH CAESARSALLAD

LÄXA:40 minuter tillagningstid: 25 minuter Utbyte: 6 portioner

3 matskedar olivolja
2 tsk finhackad vitlök
¼ tesked krossad röd paprika
1 kilo broccoli raab, skuren och hackad
½ kopp osavlade gyllene russin
½ kopp vatten
4 benfria kycklingbrösthalvor utan skinn, 5-6 oz
1 dl hackad lök
3 dl hackade tomater
¼ kopp hackad färsk basilika
2 teskedar rödvinsvinäger
3 matskedar färsk citronsaft
2 matskedar Paleo Mayo (se recept)
2 tsk senap i Dijon-stil (se recept)
1 tsk finhackad vitlök
½ tsk svartpeppar
¼ kopp olivolja
10 koppar hackad romansallat

1. Värm 1 msk olivolja i en stor stekpanna på medelhög värme. Tillsätt vitlök och krossad röd paprika; koka och rör om i 30 sekunder eller tills det doftar. Tillsätt hackad broccoli, russin och ½ dl vatten. Täck över och koka i cirka 8 minuter eller tills broccolin är mjuk

och mör. Ta av locket från pannan; låt överflödigt vatten avdunsta. Avsätta.

2. För rullarna, skär varje kycklingbröst på mitten på längden; placera varje bit mellan två bitar av plastfolie. Använd den platta sidan av en köttklubba och slå lätt kycklingen till cirka ¼ tums tjocklek. På varje rulle, placera ca ¼ kopp broccoli raab blandning på en av de korta ändarna; rulla, vik i sidled så att fyllningen täcks helt. (Rullarna kan göras upp till 1 dag i förväg och förvaras i kyl tills de ska tillagas.)

3. Hetta upp 1 msk olivolja i en stor stekpanna på medelvärme. Lägg i rullarna med skarven nedåt. Grädda i cirka 8 minuter eller tills de är gyllenbruna på alla sidor, vänd två eller tre gånger under tillagningen. Överför rullarna till ett fat.

4. För såsen, värm 1 matsked av den återstående olivoljan i en panna på medelvärme. Tillsätt lök; koka i ca 5 minuter eller tills den är genomskinlig. Tillsätt tomater och basilika. Lägg rullarna i pannan ovanpå såsen. Koka upp på medelvärme; Sänk värmen. Täck över och låt sjuda i cirka 5 minuter eller tills tomaterna börjar brytas ner men fortfarande håller formen och rullarna är genomvärmda.

5. Till dressingen, blanda citronsaft, Paleomajonnäs, Dijon-liknande senap, vitlök och svartpeppar i en liten skål. Ringla över ¼ kopp olivolja, vispa tills det är emulgerat. Blanda dressingen med den hackade romansallaten i en stor skål. Dela romansallaten mellan sex serveringsfat att servera. Skär rullarna och

lägg dem ovanpå romansallaten; ringla över tomatsås.

GRILLAD KYCKLING SHAWARMA WRAPS MED KRYDDADE GRÖNSAKER OCH PINJENÖTSSÅS

LÄXA:20 minuter marinering: 30 minuter grillning: 10 minuter förberedelse: 8 rullar (4 portioner)

1½ pund benfria kycklingbröst utan skinn, skurna i 2-tums bitar

5 matskedar olivolja

2 matskedar färsk citronsaft

1¾ tsk malen spiskummin

1 tsk finhackad vitlök

1 tsk paprika

½ tsk currypulver

½ tsk mald kanel

¼ tesked cayennepeppar

1 medelstor zucchini, halverad

1 liten aubergine, skär i ½-tums skivor

1 stor gul paprika, halverad och fröna borttagna

1 medelstor rödlök, i fjärdedelar

8 körsbärstomater

8 stora smörsallatsblad

Rostad pinjenötter sås (se recept)

Citronskivor

1. För marinaden, blanda 3 matskedar olivolja, citronsaft, 1 tsk spiskummin, vitlök, ½ tsk paprika, currypulver, ¼ tsk kanel och cayennepeppar i en liten skål. Lägg kycklingbitarna i en stor återförslutbar plastpåse i en

grund form. Häll marinaden över kycklingen. Stäng påsen; förvandla väskan till en jacka. Marinera i kylen i 30 minuter, vänd på påsen då och då.

2. Ta bort kycklingen från marinaden; kassera marinaden. Trä upp kycklingen på fyra långa spett.

3. Lägg zucchini, aubergine, paprika och lök på plåten. Ringla över 2 matskedar olivolja. Strö över återstående ¾ tsk spiskummin, återstående ½ tsk paprika och återstående ¼ tsk kanel; Gnid lätt över grönsakerna. Trä upp tomaterna på två spett.

3. För en kol- eller gasgrill, placera kyckling- och tomatspetten och grönsakerna på grillen på medelvärme. Täck över och grilla tills kycklingen inte längre är rosa och grönsakerna är lätt förkolnade och knapriga, vänd en gång. Räkna med 10-12 minuter för kycklingen, 8-10 minuter för grönsakerna och 4 minuter för tomaterna.

4. Ta bort kycklingen från spetten. Finhacka kycklingen och skär zucchini, aubergine och paprika i små bitar. Ta bort tomaterna från spetten (hacka inte). Lägg upp kycklingen och grönsakerna på ett fat. För att servera, fördela kycklingen och grönsakerna på ett salladsblad; ringla den rostade pinjenötssåsen ovanpå. Servera med citronskivor.

STEKT KYCKLINGBRÖST MED SVAMP, BLOMKÅLSMALD MED VITLÖK OCH ROSTAD SPARRIS

FRÅN BÖRJAN TILL SLUT:50 minuters utbyte: 4 portioner

- 4 10-12 oz kycklingbrösthalvor med ben, skinnet borttaget
- 3 dl små vita svampar
- 1 kopp tunt skivad purjolök eller gul lök
- 2 koppar kycklingbensbuljong (se recept) eller kycklingbuljong utan tillsatt salt
- 1 dl torrt vitt vin
- 1 stort knippe färsk timjan
- Svartpeppar
- vit vinäger (valfritt)
- 1 blomkålshuvud, delad i buketter
- 12 skalade vitlöksklyftor
- 2 matskedar olivolja
- Vit eller cayennepeppar
- 1 kilo hackad sparris
- 2 teskedar olivolja

1. Värm ugnen till 400° F. Placera kycklingbröst i 3-quarts rektangulär ugnsform; toppa med svamp och purjolök. Häll kycklingbensbuljongen och vinet över kycklingen och grönsakerna. Strö över timjan och strö över svartpeppar. Täck plåten med aluminiumfolie.

2. Grädda i 35-40 minuter eller tills en termometer som satts in i broilern visar 170° F. Ta bort och kassera

timjankvistarna. Om så önskas, krydda den bräserande vätskan med vinäger innan servering.

2. Koka under tiden blomkålen och vitlöken i kokande vatten i en stor gryta i cirka 10 minuter eller tills de är mjuka. Häll av blomkålen och vitlöken, spara 2 matskedar av matlagningsvätskan. Lägg blomkålen och den reserverade matlagningsvätskan i en matberedare eller stor skål. Bearbeta tills det är slätt* eller puré med en potatisstöt; tillsätt 2 matskedar olivolja och smaka av med vitpeppar. Håll varmt tills servering.

3. Lägg sparrisen i ett enda lager på bakplåten. Strö 2 tsk olivolja på toppen och vänd ner. Strö svartpeppar på toppen. Grädda i en 400°F ugn i cirka 8 minuter eller tills de är knapriga, rör om en gång.

4. Dela den mosade blomkålen mellan sex serveringsfat. Toppa med kyckling, svamp och purjolök. Ringla över lite brassvätska; servera med rostad sparris.

*Obs: Om du använder en matberedare, var noga med att inte överbearbeta, annars blir blomkålen för tunn.

THAILÄNDSK KYCKLINGSOPPA

LÄXA:Frys 30 minuter: Koka 20 minuter: 50 minuter Utbyte: 4-6 portioner

TAMARIND ÄR EN BITTER OCH MYSK FRUKTANVÄNDS I INDISK, THAILÄNDSK OCH MEXIKANSK MATLAGNING. MÅNGA KOMMERSIELLT FRAMSTÄLLDA TAMARINDPASTOR INNEHÅLLER SOCKER; SE TILL ATT DU KÖPER EN SOM INTE INNEHÅLLER DEN. KAFFIRLIMEBLAD FINNS FÄRSKA, FRYSTA OCH TORKADE PÅ DE FLESTA ASIATISKA MARKNADER. OM DU INTE HITTAR DEM, BYT UT BLADEN I DETTA RECEPT MED 1½ TSK FINRIVET LIMESKAL.

- 2 stjälkar citrongräs, putsade
- 2 matskedar oraffinerad kokosolja
- ½ kopp tunt skivad lök
- 3 stora vitlöksklyftor tunt skivade
- 8 dl kycklingbensbuljong (se_recept_) eller kycklingbuljong utan tillsatt salt
- ¼ kopp tamarindpasta utan sockertillsats (som märket Tamicon)
- 2 matskedar nori-flingor
- 3 färska thailändska chilipeppar, tunt skivade och intakta frön (se_luta_)
- 3 kaffir limeblad
- 1 3-tums bit ingefära, tunt skivad
- 4 6 oz benfria skinnfria kycklingbrösthalvor
- 1 14,5 oz kan inget salt tillsatt tärnade eldrostade tomater, odränerade

6 uns fin sparris, putsad och tunt skivad diagonalt i ½-tums bitar

½ kopp packade thailändska basilikablad (seInträde)

1. Använd baksidan av en kniv, stympa stjälkarna på citrongräset, tryck hårt. Finhacka de brutna stjälkarna.

2. Värm kokosoljan i en holländsk ugn på medelvärme. Tillsätt citrongräs och gräslök; koka i 8-10 minuter, rör om ofta. Tillsätt vitlök; koka och rör om i 2-3 minuter eller tills starkt doftande.

3. Tillsätt kycklingbensbuljong, tamarindpasta, noriflakes, chili, limeblad och ingefära. Vattenkokare; Sänk värmen. Täck över och koka på låg värme i 40 minuter.

4. Frys under tiden in kycklingen i 20-30 minuter eller tills den stelnar. Skär kycklingen i tunna skivor.

5. Sila soppan genom en finmaskig sil i en stor kastrull, tryck ner med baksidan av en stor sked för att få fram smakerna. Kassera fast material. Koka upp soppan. Tillsätt kycklingen, odränerade tomater, sparris och basilika. Minska brand; låt puttra utan lock i 2-3 minuter eller tills kycklingen är genomstekt. Servera omedelbart.

GRILLAD KYCKLING MED CITRON OCH SALVIA MED ESCAROLE

LÄXA:15 minuters stekning: 55 minuters vila: 5 minuter
Utbyte: 4 portioner

CITRONSKIVOR OCH SALVIABLAD.PLACERAS UNDER SKINNET PÅ KYCKLINGEN, KRYDDAR KÖTTET NÄR DET TILLAGAS OCH SKAPAR ETT SLÅENDE MÖNSTER PÅ DET KRISPIGA, OGENOMSKINLIGA SKALET EFTER ATT DET TAGITS UT UR UGNEN.

4 kycklingbrösthalvor med ben (med skinn)

1 citron, mycket tunt skivad

4 stora salviablad

2 teskedar olivolja

2 teskedar medelhavskrydda (se recept)

½ tsk svartpeppar

2 matskedar extra virgin olivolja

2 schalottenlök, skivade

2 pressade vitlöksklyftor

4 endive ändar på längden på mitten

1. Värm ugnen till 400° F. Ta försiktigt bort skinnet från båda halvorna av bröstet med en skalkniv och låt det sitta kvar på ena sidan. Lägg 2 citronskivor och 1 salviablad ovanpå varje bringa. Dra försiktigt tillbaka huden på plats och tryck försiktigt för att säkra den.

2. Lägg kycklingen i en ytlig stekpanna. Pensla kyckling med 2 tsk olivolja; strö över medelhavskrydda och ¼

tsk peppar. Grilla utan lock i cirka 55 minuter, eller tills skalet är gyllenbrunt och krispigt och en snabbavläsningstermometer insatt i kycklingen visar 170°F. Låt kycklingen vila i 10 minuter innan servering.

3. Under tiden, i en stor panna, värm 2 matskedar olivolja på medelvärme. Lägg till schalottenlök; koka i cirka 2 minuter eller tills den är genomskinlig. Strö resterande ¼ tesked peppar över endiverna. Tillsätt vitlöken i pannan. Lägg endiven i pannan, skär ner sidorna. Grädda i ca 5 minuter eller tills de fått färg. Vänd försiktigt på endivien; koka 2-3 minuter längre eller tills den är klar. Servera med kyckling.

KYCKLING MED VÅRLÖK, VATTENKRASSE OCH RÄDISOR

LÄXA:Tillagning 20 minuter: Grädda 8 minuter: 30 minuter
Utbyte: 4 portioner

ÄVEN OM KOKANDE RÄDISOR KAN VERKA KONSTIGT,DE ÄR KNAPPT TILLAGADE HÄR, PRECIS TILLRÄCKLIGT FÖR ATT MILDRA DEN KRYDDIGA BITEN OCH MJUKA UPP DEM LITE.

3 matskedar olivolja
4 10-12 oz kycklingbrösthalvor med ben (på huden)
1 matsked citronörtskrydda (se recept)
¾ kopp skivad lök
6 rädisor, tunt skivade
¼ tsk svartpeppar
½ kopp torr vit vermouth eller torrt vitt vin
⅓ kopp cashewkräm (se recept)
1 knippe vattenkrasse, stjälkar skurna och hackade
1 msk färsk dill skuren i strimlor

1. Värm ugnen till 350 ° F. Värm olivolja i en stor stekpanna på medelhög värme. Torka kycklingen torr med hushållspapper. Stek kycklingen med skinnsidan nedåt i 4-5 minuter eller tills skalet är gyllenbrunt och krispigt. Vänd kycklingen; koka i ca 4 minuter eller tills de fått färg. Lägg kycklingen med skinnsidan uppåt i en grund ugnsform. Strö över kycklingen med citronörtskrydda. Grädda i cirka 30 minuter eller tills en termometer som satts in i broilern visar 170°F.

2. Under tiden, häll bort allt utom 1 matsked fett från pannan; Hetta upp stekpannan igen. Tillsätt gräslök

och rädisor; koka i ca 3 minuter eller tills löken torkat. Strö peppar ovanpå. Tillsätt vermouth och skrapa upp de brynta bitarna under omrörning. Vattenkokare; koka tills det reducerats och tjocknat något. Tillsätt cashewgrädde; Koka upp. Ta bort stekpanna från värmen; tillsätt vattenkrasse och dill, rör försiktigt tills vattenkrasse torkar. Tillsätt den samlade kycklingjuicen i ugnsformen.

3. Fördela vitlöksblandningen mellan fyra serveringsfat; toppa med kyckling.

KYCKLING TIKKA MASALA

LÄXA:30 minuter Marinering: 4-6 timmar Tillagning: 15 minuter Grillning: 8 minuter Utbyte: 4 portioner

DETTA ÄR INSPIRERAT AV EN MYCKET POPULÄR INDISK MATRÄTT.SOM KANSKE INTE ALLS HAR SKAPATS I INDIEN, UTAN PÅ EN INDISK RESTAURANG I STORBRITANNIEN. TRADITIONELL CHICKEN TIKKA MASALA KRÄVER ATT KYCKLINGEN MARINERAS I YOGHURT OCH SEDAN TILLAGAS I EN KRYDDIG TOMATSÅS ÖVERDRÅLAD MED GRÄDDE. DEN HÄR VERSIONEN SMAKAR EXTRA RENT EFTERSOM DEN INTE HAR NÅGON MJÖLK SOM DRÄNKER SMAKEN AV SÅSEN. ISTÄLLET FÖR RIS SERVERAS DET ÖVER KRISPIGA ZUCCHININUDLAR.

- 1½ kilo benfria, skinnfria kycklinglår eller kycklingbrösthalvor
- ¾ kopp vanlig kokosmjölk (som Nature's Way)
- 6 hackade vitlöksklyftor
- 1 msk riven färsk ingefära
- 1 tsk mald koriander
- 1 tsk paprika
- 1 tsk malen spiskummin
- ¼ tesked mald kardemumma
- 4 matskedar raffinerad kokosolja
- 1 kopp hackad morot
- 1 tunt skivad selleri
- ½ kopp hackad lök

2 jalapeño- eller serrano-peppar, kärnade (valfritt) och hackade (se_luta_)

1 14,5 oz kan inget salt tillsatt tärnade eldrostade tomater, odränerade

1 8 oz burk osaltad tomatsås

1 tsk tillsatt salt garam masala

3 medelstora zucchini

½ tsk svartpeppar

färska korianderblad

1. Om du använder kycklinglår, skär varje lår i tre bitar. Om du använder kycklingbrösthalvor, skär varje brösthalva i 2-tums bitar och skär de tjocka delarna horisontellt för att göra dem tunnare. Lägg kycklingen i en stor återförslutbar plastpåse; Lägg åtsidan. För marinaden, kombinera ½ kopp kokosmjölk, vitlök, ingefära, koriander, paprika, spiskummin och kardemumma i en liten skål. Häll marinaden över kycklingen i påsen. Stäng påsen och vänd så att den täcker kycklingen. Placera påsen i medium skål; marinera i kylen i 4-6 timmar, vänd på påsen då och då.

2. Värm grillen. Värm 2 matskedar kokosolja på medelvärme i en stor panna. Tillsätt morötter, selleri och lök; koka 6-8 minuter eller tills grönsakerna är mjuka, rör om då och då. Lägg till jalapeños; koka och rör om i 1 minut till. Tillsätt de odränerade tomaterna och tomatsåsen. Vattenkokare; Sänk värmen. Sjud utan lock i ca 5 minuter eller tills såsen tjocknar något.

3. Låt kycklingen rinna av och släng marinaden. Ordna kycklingbitarna i ett enda lager på det ouppvärmda gallret i stekpannan. Grilla 5 till 6 tum från värme i 8 till 10 minuter eller tills kycklingen inte längre är rosa, vänd halvvägs igenom. Tillsätt de kokta kycklingbitarna och den återstående ¼ koppen kokosmjölk till tomatblandningen i pannan. Koka i 1-2 minuter eller tills den är genomvärmd. Avlägsna från värme; tillsätt garam masala.

4. Skär ändarna på zucchinierna. Skär zucchinin i långa tunna strimlor med en pappersskärare. I en mycket stor stekpanna, värm de återstående 2 matskedar kokosolja på medelhög värme. Tillsätt zucchinistrimlor och svartpeppar. Koka och rör om i 2-3 minuter eller tills zucchinierna är krispiga.

5. Dela zucchinin mellan fyra serveringsfat att servera. Toppa med kycklingblandningen. Garnera med korianderblad.

RAS EL HANOUT KYCKLINGLÅR

LÄXA:20 minuters tillagningstid: 40 minuter Utbyte: 4 portioner

RAS EL HANOUT ÄR KOMPLICERATOCH EN BLANDNING AV EXOTISKA MAROCKANSKA KRYDDOR. FRASEN BETYDER "BUTIKENS MÄSTARE" PÅ ARABISKA, VILKET BETYDER ATT DET ÄR EN UNIK BLANDNING AV DE BÄSTA KRYDDORNA SOM KRYDDFÖRSÄLJAREN HAR ATT ERBJUDA. DET FINNS INGET FAST RECEPT PÅ RAS EL HANOUT, MEN DET INNEHÅLLER OFTA INGEFÄRA, ANIS, KANEL, MUSKOTNÖT, PEPPAR, KRYDDNEJLIKA, KARDEMUMMA, TORKADE BLOMMOR (SOM LAVENDEL OCH ROS), NIGELLA, MUSKOTBLOMMA, GALANGAL OCH GURKMEJA. .

1 msk mald spiskummin

2 teskedar mald ingefära

1½ tsk svartpeppar

1½ tsk mald kanel

1 tsk mald koriander

1 tsk cayennepeppar

1 tsk mald kryddpeppar

½ tsk mald kryddnejlika

¼ tesked mald muskotnöt

1 tsk saffranstrådar (valfritt)

4 matskedar oraffinerad kokosolja

8 kycklinglår med ben

1 8-ounce paket färska svampar, skivade

1 dl hackad lök

1 kopp hackad röd, gul eller grön paprika (1 stor)

4 romska tomater, kärnade, kärnade och hackade

4 vitlöksklyftor, hackade

2 13,5 oz burkar vanlig kokosmjölk (som Nature's Way)

3-4 matskedar färsk citronsaft

¼ kopp hackad färsk koriander

1. För ras el hanout, i en medelstor mortel eller liten skål, blanda spiskummin, ingefära, svartpeppar, kanel, koriander, cayennepeppar, kryddpeppar, kryddnejlika, muskotnöt och, om så önskas, saffran. Mal med en mortel eller rör om med en sked för att blanda väl. Avsätta.

2. Värm 2 matskedar kokosolja på medelvärme i en mycket stor stekpanna. Strö över kycklinglåren med 1 msk ras el hanout. Lägg till kyckling i pannan; koka i 5-6 minuter eller tills de fått färg, vänd en gång halvvägs genom tillagningen. Ta bort kycklingen från pannan; hålla varm.

3. Värm de återstående 2 msk kokosolja på medelvärme i samma panna. Tillsätt svamp, lök, paprika, tomater och vitlök. Koka och rör om i cirka 5 minuter eller tills grönsakerna är kokta. Tillsätt kokosmjölk, limejuice och 1 msk ras el hanout. Lägg tillbaka kycklingen i pannan. Vattenkokare; Sänk värmen. Sjud under lock i cirka 30 minuter eller tills kycklingen är genomstekt (175°F).

4. Servera kycklingen, grönsakerna och såsen i skålar. Garnera med koriander.

Obs: Förvara överbliven Ras el Hanout i en täckt behållare i upp till 1 månad.

CARAMBOLA-MARINERADE KYCKLINGLÅR OVANPÅ STUVAD SPENAT

LÄXA:40 minuter marinering: 4-8 timmar tillagning: 45 minuter avkastning: 4 portioner

KLAPPA KYCKLINGEN TORR OM DET BEHÖVS.MED HUSHÅLLSPAPPER EFTER ATT DEN KOMMER UT UR MARINADEN INNAN DEN BRYNS I PANNAN. VÄTSKAN SOM FINNS KVAR PÅ KÖTTET STÄNKER NER I DEN HETA OLJAN.

8 kycklinglår med ben (1½ till 2 pund), skinnet borttaget
¾ kopp vit eller cidervinäger
¾ kopp färsk apelsinjuice
½ kopp vatten
¼ kopp hackad lök
¼ kopp färsk koriander, hackad
4 vitlöksklyftor, hackade
½ tsk svartpeppar
1 matsked olivolja
1 carambola, skivad
1 kopp kycklingbensbuljong (serecept) eller kycklingbuljong utan tillsatt salt
2 9-ounce förpackningar färska spenatblad
färska korianderblad (valfritt)

1. Lägg kycklingen i en kastrull av rostfritt stål eller emalj; Lägg åtsidan. I en medelstor skål, kombinera vinäger, apelsinjuice, vatten, lök, ¼ kopp hackad koriander, vitlök och peppar; häll över kycklingen. Täck över och marinera i kylen i 4-8 timmar.

2. Koka upp kycklingblandningen i en gryta på medelvärme; Sänk värmen. Täck över och låt sjuda i 35-40 minuter eller tills kycklingen inte längre är rosa (175°F).

3. Hetta upp oljan i en mycket stor stekpanna på medelhög värme. Använd en tång, ta bort kycklingen från den holländska ugnen, skaka försiktigt för att rinna av; reservera matlagningsvätskan. Bryn kycklingen på alla sidor, vänd ofta för jämn brynning.

4. Sila under tiden av kokvätskan för såsen; Återgå till holländsk ugn. Koka upp. Koka i cirka 4 minuter för att reducera och tjockna något; tillsätt carambola; koka i 1 minut till. Lägg tillbaka kycklingen i den holländska ugnssåsen. Avlägsna från värme; lock för att hålla sig varm.

5. Rengör pannan. Häll kycklingbensbuljongen i pannan. Koka upp på medelvärme; tillsätt spenat. Minska brand; låt sjuda i 1-2 minuter eller tills spenaten har mjuknat under konstant omrörning. Lägg över spenaten på ett serveringsfat med en hålslev. Toppa med kyckling och sås. Om så önskas, strö över korianderblad.

KYCKLING OCH POBLANO KÅL TACOS MED CHIPOTLE MAJONNÄS

LÄXA:Grädda 25 minuter: 40 minuter Utbyte: 4 portioner

SERVERA DESSA STÖKIGA MEN GODA TACOSMED EN GAFFEL FÖR ATT FÅNGA UPP FYLLNINGEN SOM FALLER AV KÅLBLADET NÄR DU ÄTER DEN.

- 1 matsked olivolja
- 2 poblano paprika, kärnade (om så önskas) och malda (seluta)
- ½ kopp hackad lök
- 3 pressade vitlöksklyftor
- 1 msk chilipulver utan salt
- 2 tsk malen spiskummin
- ½ tsk svartpeppar
- 1 8 oz burk osaltad tomatsås
- ¾ kopp kycklingbensbuljong (serecept) eller kycklingbuljong utan tillsatt salt
- 1 tsk torkad mexikansk oregano, krossad
- 1-1½ kilo benfria, skinnfria kycklinglår
- 10-12 medelstora eller stora kålblad
- Chipotle Paleo Mayo (serecept)

1. Värm ugnen till 350 ° F. Värm olja över medelhög värme i en stor ugnssäker stekpanna. Tillsätt poblano paprika, lök och vitlök; koka och rör om i 2 minuter. Tillsätt chilipulver, spiskummin och svartpeppar; koka och rör om i 1 minut till (minska värmen om det behövs för att förhindra att kryddorna bränns).

2. Tillsätt tomatsås, kycklingbensbuljong och oregano i pannan. Koka upp. Lägg försiktigt ner kycklinglåren i tomatblandningen. Täck pannan med ett lock. Grädda i cirka 40 minuter eller tills kycklingen är genomstekt (175°F), vänd en gång halvvägs.

3. Ta bort kycklingen från pannan; att svalna något. Riv kycklingen i små bitar med två gafflar. Tillsätt den hackade kycklingen till tomatblandningen i pannan.

4. Skeda kycklingblandningen över kålbladen; toppad med Chipotle Paleo Mayo.

KYCKLINGGRYTA MED MORÖTTER OCH BOK CHOY

LÄXA:Tillagning 15 minuter: Vila 24 minuter: 2 minuter
Utbyte: 4 portioner

BABY BOK CHOY ÄR MYCKET KÄNSLIGOCH DU KAN LAGA FÖR MYCKET PÅ NOLLTID. FÖR ATT HÅLLA DEN FRÄSCH OCH FRÄSCH I SMAKEN, INTE SKRUMPEN ELLER FUKTIG, SE TILL ATT DEN ÅNGAS I EN TÄCKT HET GRYTA (AV VÄRMEN) I HÖGST 2 MINUTER INNAN DU SERVERAR GRYTAN.

2 matskedar olivolja

1 purjolök, skivad (vita och ljusgröna delar)

4 dl kycklingbensbuljong (se recept) eller kycklingbuljong utan tillsatt salt

1 dl torrt vitt vin

1 msk senap i Dijon-stil (se recept)

½ tsk svartpeppar

1 kvist färsk timjan

1¼ pund benfria, skinnfria kycklinglår, skurna i 1-tums bitar

8 uns babymorötter med toppar, skalade, putsade och halverade på längden, eller 2 medelstora morötter, skurna diagonalt

2 tsk finrivet citronskal (förbehåll)

1 msk färsk citronsaft

2 huvuden baby bok choy

½ tsk färsk timjan, hackad

1. Värm 1 matsked olivolja på medelvärme i en stor kastrull. Fräs purjolöken i het olja i 3-4 minuter eller

tills den har mjuknat. Tillsätt kycklingbensbuljongen, vinet, senap i dijonstil, ¼ tsk peppar och en timjankvist. Vattenkokare; Sänk värmen. Koka i 10-12 minuter eller tills vätskan minskat med cirka en tredjedel. Kasta timjankvisten.

2. Värm under tiden den återstående 1 msk olivolja i en holländsk ugn på medelvärme. Strö kycklingen med återstående ¼ tesked peppar. Stek i het olja i cirka 3 minuter eller tills de är gyllenbruna, rör om då och då. Häll av fettet om det behövs. Tillsätt försiktigt den reducerade fonden i grytan, skrapa upp eventuella bruna bitar; tillsätt morötterna. Vattenkokare; Sänk värmen. Sjud utan lock i 8-10 minuter eller tills morötterna är mjuka. Tillsätt citronsaft. Skär bok choy på längden. (Om bok choy-huvudena är stora, skär dem i fjärdedelar.) Lägg bok choy ovanpå kycklingen i grytan. Täck och ta bort från värmen; låt stå i 2 minuter.

3. Servera grytan i grunda skålar. Strö citronskal och timjan på toppen.

BLANDA KYCKLING MED CASHEWNÖTTER OCH APELSIN OCH PAPRIKA I SALLADSWRAPS

FRÅN BÖRJAN TILL SLUT: 45 minuter att förbereda: 4-6 portioner

DU HITTAR TVÅ TYPERKOKOSOLJA PÅ HYLLORNA, RAFFINERAD OCH EXTRA VIRGIN ELLER ORAFFINERAD. SOM NAMNET ANTYDER KOMMER EXTRA VIRGIN KOKOSOLJA FRÅN DEN FÖRSTA PRESSNINGEN AV FÄRSKA, RÅA KOKOSNÖTTER. DET ÄR ALLTID DET BÄSTA ALTERNATIVET NÄR DU LAGAR MAT PÅ MEDELHÖG ELLER MEDELHÖG VÄRME. RAFFINERAD KOKOSOLJA HAR EN HÖGRE RÖKPUNKT, SÅ ANVÄND DEN ENDAST VID TILLAGNING MED HÖG VÄRME.

- 1 matsked raffinerad kokosolja
- 1½ till 2 pund benfria, skinnfria kycklinglår, skurna i tunna lagom stora strimlor
- 3 röda, orange och/eller gula paprika, stjälkar borttagna, frön borttagna och tunt skivade i lagom stora strimlor
- 1 rödlök, halverad på längden och tunt skivad
- 1 tsk finrivet apelsinskal (reserv)
- ½ kopp färsk apelsinjuice
- 1 matsked mald färsk ingefära
- 3 pressade vitlöksklyftor
- 1 kopp råa osaltade cashewnötter, rostade och grovt hackade (se_luta_)
- ½ kopp skivad grön lök (4)

8-10 blad smör eller isbergssallad

1. Hetta upp kokosoljan på hög värme i en wok eller stor panna. Lägg till kyckling; koka och rör om i 2 minuter. Tillsätt paprika och lök; koka och rör om i 2-3 minuter eller tills grönsakerna börjar mjukna. Ta bort kyckling och grönsaker från woken; hålla varm.

2. Torka av woken med en pappershandduk. Tillsätt apelsinjuicen i woken. Koka i cirka 3 minuter eller tills juicen kokar och reducera något. Tillsätt ingefära och vitlök. Koka upp och rör om i 1 minut. Lägg tillbaka kyckling- och pepparblandningen i woken. Tillsätt apelsinskal, cashewnötter och vårlök. Servera stekt med salladsblad.

VIETNAMESISK KYCKLING MED KOKOS OCH CITRONGRÄS

FRÅN BÖRJAN TILL SLUT: 30 minuters avkastning: 4 portioner

DENNA QUICK COCONUT CURRYDEN KAN LIGGA PÅ BORDET INOM 30 MINUTER EFTER ATT DEN BLIVIT BITEN, VILKET GÖR DEN TILL EN IDEALISK MÅLTID FÖR EN HEKTISK VECKOKVÄLL.

- 1 matsked oraffinerad kokosolja
- 4 stjälkar citrongräs (endast ljusa delar)
- 1 3,2-ounce paket ostronsvampar, hackade
- 1 stor lök tunt skivad, ringar halverade
- 1 färsk jalapeño, kärnad och hackad (se_luta_)
- 2 matskedar mald färsk ingefära
- 3 pressade vitlöksklyftor
- 1½ kilo benfria, skinnfria kycklinglår, tunt skivade och skurna i små bitar
- ½ kopp vanlig kokosmjölk (som Nature's Way)
- ½ kopp kycklingbensbuljong (se_recept_) eller kycklingbuljong utan tillsatt salt
- 1 msk osaltat rött currypulver
- ½ tsk svartpeppar
- ½ kopp hackade färska basilikablad
- 2 msk färsk limejuice
- Osötad riven kokosnöt (valfritt)

1. Hetta upp kokosoljan på medelvärme i en mycket stor panna. Lägg till citrongräs; koka och rör om i 1 minut. Tillsätt svamp, lök, jalapeño, ingefära och vitlök; koka

och rör om i 2 minuter eller tills löken är mjuk. Lägg till kyckling; koka i ca 3 minuter eller tills kycklingen är genomstekt.

2. Blanda kokosmjölk, kycklingbensbuljong, currypulver och svartpeppar i en liten skål. Lägg till kycklingblandningen i pannan; koka i 1 minut eller tills vätskan tjocknar något. Avlägsna från värme; tillsätt färsk basilika och limejuice. Om så önskas, strö över delarna med kokos.

GRILLAD KYCKLING OCH ÄPPLE OCH ENDIVSALLAD

LÄXA:30 minuters grill: 12 minuter utbyte: 4 portioner

OM DU GILLAR ETT SÖTARE ÄPPLEGÅ MED HONUNGSKRABBOR. OM DU GILLAR ÄPPELPAJ, ANVÄND GRANNY SMITH ELLER PROVA EN BALANS MED EN KOMBINATION AV DE TVÅ VARIANTERNA.

- 3 medium Honeycrisp eller Granny Smith äpplen
- 4 teskedar extra virgin olivolja
- ½ dl hackad schalottenlök
- 2 matskedar hackad färsk persilja
- 1 msk fågelkrydda
- 3-4 huvuden endive, i fjärdedelar
- 1 kilo malet kyckling- eller kalkonbröst
- ⅓ kopp hackade rostade hasselnötter*
- ⅓ kopp klassisk fransk vinägrett (se recept)

1. Skär äpplena på mitten och ta bort kärnhuset. Skala och hacka 1 av äpplena. Värm 1 tsk olivolja på medelvärme. Tillsätt hackat äpple och schalottenlök; koka tills det är klart. Tillsätt persilja och fågelkrydda. Låt det svalna.

2. Ta under tiden bort de återstående 2 äpplena och skär dem i skivor. Pensla de skurna kanterna på äppelskivorna och escarole med resterande olivolja. I en stor skål, kombinera kyckling och kylda äppleblandningen. Dela upp i åtta delar; forma varje del till biffar 2 tum i diameter.

3. För en kol- eller gasgrill, lägg kycklingbiffarna och äppelklyftorna direkt på grillen på medelvärme. Täck över och grilla i 10 minuter, vänd en gång halvvägs genom grillen. Tillsätt endiv med skuren sida nedåt. Täck över och grilla 2 till 4 minuter eller tills endive är något förkolnat, äpplena är mjuka och kycklingbiffarna är genomstekta (165 °F).

4. Hacka escarole i stora bitar. Dela endiven mellan fyra serveringsfat. Toppa med kycklingbiffar, äppelskivor och hasselnötter. Ringla över klassisk fransk vinägrett.

*Tips: För att rosta hasselnötterna, förvärm ugnen till 350° F. Bred ut nötterna i ett enda lager i en grund ugnsform. Grädda i 8-10 minuter eller tills de fått lite färg, rör om en gång för jämn färgning. Kyl nötterna något. Lägg de varma nötterna på en ren kökshandduk; gnugga med en handduk för att ta bort lösa skinn.

TOSKANSK KYCKLINGSOPPA MED STRIMLOR AV GRÖNKÅL

LÄXA:Tillagningstid: 15 minuter: 20 minuter Utbyte: 4-6 portioner

EN MATSKED PESTO- DITT VAL AV BASILIKA ELLER RUCCOLA - GER EN STARK SMAK TILL DENNA SALTA SOPPA KRYDDAD MED SALTFRI FJÄDERFÄKRYDDA. FÖR ATT HÅLLA GRÖNKÅLEN LJUSGRÖN OCH SÅ NÄRINGSRIK SOM MÖJLIGT, KOKA BARA TILLS DE VISSNAT.

1 kilo mald kyckling
2 msk osaltad fågelkrydda
1 tsk fint rivet citronskal
1 matsked olivolja
1 dl hackad lök
½ kopp hackad morot
1 dl hackad selleri
4 vitlöksklyftor, skivade
4 dl kycklingbensbuljong (se recept) eller kycklingbuljong utan tillsatt salt
1 14,5 oz utan salt tillsatt eldrostade tomater, odränerade
1 knippe Lacinato (Toscana) kål, stjälkarna borttagna, strimlade
2 matskedar färsk citronsaft
1 tsk färsk timjan skuren i strimlor
Basilika eller rucolapesto (se recept)

1. I en medelstor skål, kombinera mald kyckling, fågelkrydda och citronskal. Blanda väl.

2. Värm olivoljan i en holländsk ugn på medelvärme. Tillsätt kycklingblandning, lök, morot och selleri; koka i 5-8 minuter eller tills kycklingen inte längre är rosa, rör om med en träslev för att bryta upp köttet och tillsätt vitlöksklyftorna under den sista minuten av tillagningen. Tillsätt kycklingbensbuljong och tomater. Vattenkokare; Sänk värmen. Täck över och koka på låg värme i 15 minuter. Tillsätt grönkål, citronsaft och timjan. Sjud utan lock i ca 5 minuter eller tills grönkålen har mjuknat.

3. För att servera, häll soppan i skålar och strö över basilika eller ruccolapesto.

KYCKLING LARB

LÄXA:Koka 15 minuter: Kyl 8 minuter: 20 minuter Utbyte: 4 portioner

DENNA VERSION AV EN POPULÄR THAILÄNDSK MATRÄTTDEN MYCKET KRYDDADE MALDA KYCKLINGEN OCH GRÖNSAKERNA SOM SERVERAS PÅ SALLADSBLAD ÄR OTROLIGT LÄTTA OCH SMAKRIKA UTAN TILLSATT SOCKER, SALT OCH FISKSÅS (SOM HAR MYCKET NATRIUM) SOM TRADITIONELLT ÄR EN DEL AV INGREDIENSLISTAN. MED VITLÖK, THAILÄNDSK CHILI, CITRONGRÄS, LIMEZEST, LIMEJUICE, MYNTA OCH KORIANDER VILL DU INTE MISSA DESSA.

1 matsked raffinerad kokosolja
2 kilo mald kyckling (95 % magert eller malet bröst)
8 uns svamp, hackad
1 dl hackad rödlök
1-2 thailändska chili, kärnade och hackade (se_luta_)
2 matskedar finhackad vitlök
2 msk finhackat citrongräs*
¼ tesked mald kryddnejlika
¼ tsk svartpeppar
1 msk finrivet limeskal
½ kopp färsk limejuice
⅓ kopp tätt packade färska myntablad, hackade
⅓ kopp finförpackad färsk koriander, hackad
1 huvud isbergssallad skuren i blad

1. Hetta upp kokosoljan i en mycket stor stekpanna på medelhög värme. Tillsätt mald kyckling, svamp, lök, chili(ar), vitlök, citrongräs, kryddnejlika och svartpeppar. Koka i 8-10 minuter eller tills kycklingen är genomstekt. Rör om med en träslev för att bryta upp köttet när det tillagas. Töm vid behov. Överför kycklingblandningen till en mycket stor skål. Låt svalna i cirka 20 minuter eller tills något rumstemperatur, rör om då och då.

2. Tillsätt limeskal, limesaft, mynta och koriander i kycklingblandningen. Servera med salladsblad.

*Tips: Du behöver en vass kniv för att göra citrongräs. Skär den vedartade stjälken från stammens bas och de sega gröna bladen från toppen av växten. Dra av de två hårda yttre lagren. Du bör ha en bit citrongräs som är cirka 6 tum lång och ljusgul. Skär stammen på mitten horisontellt och skär sedan båda halvorna igen. Skär varje fjärdedel av stjälken i mycket tunna skivor.

KYCKLINGBURGARE MED SZECHWAN CASHEWSÅS

LÄXA:Tillagning 30 minuter: 5 minuter Grillning: 14 minuter
Utbyte: 4 portioner

CHILIOLJA GJORD GENOM UPPVÄRMNINGOLIVOLJA MED KROSSAD RÖD PAPRIKA KAN OCKSÅ ANVÄNDAS PÅ ANDRA SÄTT. ANVÄND DEN FÖR ATT FRÄSA FÄRSKA GRÖNSAKER ELLER STRÖ ÖVER LITE CHILIOLJA INNAN DU GRILLAR.

2 matskedar olivolja
¼ tesked krossad röd paprika
2 koppar råa, rostade cashewnötter (se_luta_)
¼ kopp olivolja
½ kopp riven zucchini
¼ kopp finhackad gräslök
2 pressade vitlöksklyftor
2 tsk fint rivet citronskal
2 tsk riven färsk ingefära
1 kilo malet kyckling- eller kalkonbröst

SZECHWAN CASHEWSÅS
1 matsked olivolja
2 matskedar hackad gräslök
1 msk riven färsk ingefära
1 tsk kinesiskt fem kryddor pulver
1 tsk färsk citronsaft
4 blad grön- eller smörsallat

1. För chiliolja, blanda olivolja och krossad röd paprika i en liten kastrull. Värm på låg värme i 5 minuter. Avlägsna från värme; Låt det svalna.

2. Till cashewsmöret, lägg cashewnötterna och 1 msk olivolja i en mixer. Täck över och blanda tills det är krämigt, skrapa ner kanterna efter behov, och tillsätt olivolja 1 matsked i taget tills alla ¼ kopp är förbrukade och smöret är väldigt slätt. Lägg åtsidan.

3. Blanda zucchini, vårlök, vitlök, citronskal och 2 tsk ingefära i en stor skål. Tillsätt mald kyckling; Blanda väl. Forma kycklingblandningen till fyra ½ tum tjocka biffar.

4. För en kol- eller gasgrill, lägg biffarna på ett oljat galler direkt på medelvärme. Täck och grilla 14 till 16 minuter eller tills den är klar (165°F), vänd en gång halvvägs genom grillningen.

5. Värm under tiden oliveoljan till såsen i en liten panna på medelvärme. Tillsätt gräslök och 1 msk ingefära; koka på medelvärme i 2 minuter eller tills löken mjuknat. Tillsätt ½ kopp cashewsmör (förvara i kylen i upp till en vecka), chiliolja, citronsaft och pulver med fem kryddor. Koka i ytterligare 2 minuter. Avlägsna från värme.

6. Servera empanadan på salladsblad. Ringla över sås.

www.ingramcontent.com/pod-product-compliance
Lightning Source LLC
Chambersburg PA
CBHW050354120526
44590CB00015B/1684